중국 문화로 배우는 중국어 독해

중국어 독해 트레이닝

시원스쿨어학연구소 기획
안태정 · 시원스쿨어학연구소 지음

중국어 독해 트레이닝

초판 1쇄 발행 2021년 8월 31일
초판 6쇄 발행 2025년 2월 14일

지은이 안태정 · 시원스쿨어학연구소
펴낸곳 (주)에스제이더블유인터내셔널
펴낸이 양홍걸 이시원

홈페이지 china.siwonschool.com
주소 서울시 영등포구 영신로 166 시원스쿨
교재 구입 문의 02)2014-8151
고객센터 02)6409-0878

ISBN 979-11-6150-514-5
Number 1-410301-05051800-04

이 책은 저작권법에 따라 보호받는 저작물이므로 무단복제와 무단전재를 금합니다. 이 책 내용의 전부 또는 일부를 이용하려면 반드시 저작권자와 ㈜에스제이더블유인터내셔널의 서면 동의를 받아야 합니다.

중국 문화로 배우는 중국어 독해

중국어 독해 트레이닝

시원스쿨어학연구소 기획
안태정 · 시원스쿨어학연구소 지음

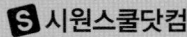

Contents

01 차에 대한 사랑은 변치 않아   8
핵심 어법   是 / 无法 / 不但……而且…… / 형용사 술어문 / 甚至

02 아침을 잘 먹어야 하루 종일 힘이 나지   18
핵심 어법   特别 / 주술 술어문 / 一边……一边…… / 只好 / 才

03 정말 배불러서 더는 못 먹겠어   28
핵심 어법   如果 / 이중부정 不 / 결과보어 / 정도보어 / 直到……为止

04 술잔에 물고기를 키우실 건가요?   38
핵심 어법   把 / 会 / 随时 / 即使……也…… / 觉得

05 휴대 전화가 없는 삶은 상상할 수 없어   48
핵심 어법   随着 / 越来越 / 其中 / 可以 / 在……上 / 连……也……

06 가족 곁에 있어야 진정한 설이지   58
핵심 어법   最 / 因为……所以…… / 被 / 和 / 只有……才……

07 상하이까지 5시간이면 충분해   68
핵심 어법   之一 / 시량보어 / 主要 / 比起 / A比B还……

08 시간을 통일한 중국   78
핵심 어법   从……到 / 从……开始 / 一些 / 比如 / 조동사 得 / 因为……而……

09 겨울에 꽃이 피는 하이난   88
핵심 어법   A和B相差…… / 不用 / 还是 / 在……呢 / 가능보어

10 중국인들도 못 알아들어요   98
핵심 어법   除了……还…… / 每……都…… / 一……就…… / 根据 / 其实

11 지우링허우는 어떤 사람이지?   108
핵심 어법 동사+在+시간(장소) / 为 / 的 / 适合 / 因此

12 왕훙의 인기는 대단해   118
핵심 어법 用······来······ / 于是 / 有的 / 并不 / 동태조사 着

13 서른이 넘어도 결혼을 안 해   128
핵심 어법 左右 / 有 겸어문 / 关于 / 先······然后······ / 一般来说

14 결혼식에 흰 봉투라니?   138
핵심 어법 一定 / 多(少)+동사 / 让人想起 / 千万 / 可 / 要是

15 크리스마스 이브에는 사과를?   148
핵심 어법 연동문 / 是因为 / 从来+没+동사+过 / 구조조사 地 / 打算 / 어기조사 了

16 빨간 속옷을 꼭 입어야 해   158
핵심 어법 来自于 / 조동사 要 / 不光······还······ / 是为了 / 방향보어

17 중국에는 어버이날이 두 개라고?   168
핵심 어법 好+동사 / 第 / 이중목적어를 취하는 동사 / 之后 / 不是······就是······

18 춤추며 시작하는 아침   178
핵심 어법 已经······了 / 还 / 让 / 不管······都······ / 有一次

19 보안 검사 받고 타세요   188
핵심 어법 想要 / 哪个······都······ / 只是 / 刚好 / 恐怕

20 보증금을 내야 돼   198
핵심 어법 吃惊 / 不是······而是······ / 동태조사 了 / 或者 / 不然

이 책의 구성과 활용

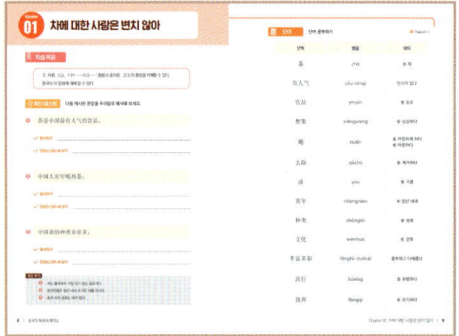

확인 테스트
본 학습에 들어가기 전 해당 과에서 학습할 문장을 미리 해석해 보고, 모르는 단어는 직접 써 볼 수 있도록 구성하였습니다.

단어
독해를 하기에 앞서 본문에 나오는 새로운 단어를 익힙니다.

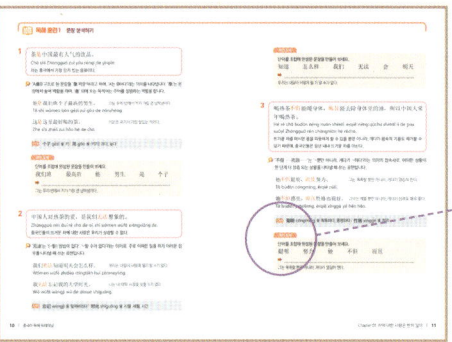

독해 훈련 1
문장을 분석하고, 문장에서 핵심이 되는 주요 어법을 학습하며, 이를 활용한 다양한 예문을 함께 익힙니다.

확인 문제
학습한 어법을 활용하여 순서 배열 문제를 풀어 봅니다.

5분 체크 어법
5분 체크 어법을 통해 학습한 내용을 잘 이해했는지 바로바로 확인할 수 있습니다.

독해 훈련 2
전체 독해 지문을 읽어보고, 다양한 연습 문제를 통해 앞에서 배운 내용을 스스로 점검할 수 있도록 하였습니다.

더 알아보자, 중국 문화!

해당 챕터와 관련 있는 중국의 생생한 정보나 문화 등을 제시하여 학습에 재미를 더했습니다.

품사 약어표

품사명	약어	품사명	약어	품사명	약어
명사	명	조동사	조동	의문대사	대
동사	동	접속사	접	지시대사	대
형용사	형	감탄사	감탄	어기조사	조
수사	수	접두사	접두	동태조사	조
부사	부	접미사	접미	구조조사	조
개사	개	고유명사	고유		
양사	양	인칭대사	대		

🎧 MP3 무료 다운로드

china.siwonschool.com

홈페이지 접속 ▶ 학습 지원 센터 ▶ 공부 자료실에서 다운로드 받으실 수 있습니다.

차에 대한 사랑은 변치 않아

학습 목표

- 是, 无法, 不但……而且……, 형용사 술어문, 甚至의 용법을 이해할 수 있다.
- 중국의 차 문화에 대해 알 수 있다.

확인 테스트
다음 제시된 문장을 우리말로 해석해 보세요.

❶ 茶是中国最有人气的饮品。

✔ 해석하기 _____

✔ 모르는 단어 써 보기 _____

❷ 中国人常年喝热茶。

✔ 해석하기 _____

✔ 모르는 단어 써 보기 _____

❸ 中国茶的种类非常多。

✔ 해석하기 _____

✔ 모르는 단어 써 보기 _____

정답 확인
❶ 차는 중국에서 가장 인기 있는 음료이다.
❷ 중국인들은 일년 내내 뜨거운 차를 마신다.
❸ 중국 차의 종류는 매우 많다.

단어 — 단어 공부하기

Track 01-1

단어	병음	의미
茶	chá	명 차
有人气	yǒu rénqì	인기가 있다
饮品	yǐnpǐn	명 음료
想象	xiǎngxiàng	동 상상하다
暖	nuǎn	동 따뜻하게 하다 형 따뜻하다
去除	qùchú	동 제거하다
油	yóu	명 기름
常年	chángnián	부 일년 내내
种类	zhǒnglèi	명 종류
文化	wénhuà	명 문화
丰富多彩	fēngfù-duōcǎi	풍부하고 다채롭다
流行	liúxíng	동 유행하다
放弃	fàngqì	동 포기하다

📖 독해 훈련1 　문장 분석하기

1

> 茶是中国最有人气的饮品。
> Chá shì Zhōngguó zuì yǒu rénqì de yǐnpǐn.
> 차는 중국에서 가장 인기 있는 음료이다.

🔍 'A是B' 구조로 된 문장을 '是'자문이라고 하며, 'A는 B이다'라는 의미를 나타냅니다. '是'는 문장에서 술어 역할을 하며, '是' 뒤에 오는 목적어는 주어를 설명하는 역할을 합니다.

他是我们班个子最高的男生。　　그는 우리 반에서 키가 가장 큰 남학생이다.
Tā shì wǒmen bān gèzi zuì gāo de nánshēng.

这是这里最好喝的茶。　　이것은 여기서 가장 맛있는 차이다.
Zhè shì zhèlǐ zuì hǎo hē de chá.

단어 个子 gèzi 몡 키 | 高 gāo 톙 (키가) 크다, 높다

확인 문제

단어를 조합해 완성된 문장을 만들어 보세요.

我们班　　最高的　　他　　男生　　是　　个子

➡ _____

그는 우리 반에서 키가 가장 큰 남학생이다.

2

> 中国人对热茶的爱，是我们无法想象的。
> Zhōngguó rén duì rè chá de ài, shì wǒmen wúfǎ xiǎngxiàng de.
> 중국인들의 뜨거운 차에 대한 사랑은 우리가 상상할 수 없다.

🔍 '无法'는 '(~할) 방법이 없다', '~할 수가 없다'라는 의미로 주로 어떠한 일을 하기 어려운 경우를 나타낼 때 쓰는 표현입니다.

我们无法知道明天会怎么样。　　우리는 내일이 어떻게 될지 알 수가 없다.
Wǒmen wúfǎ zhīdao míngtiān huì zěnmeyàng.

我无法忘记我的大学时光。　　나는 내 대학 시절을 잊을 수가 없다.
Wǒ wúfǎ wàngjì wǒ de dàxué shíguāng.

단어 忘记 wàngjì 통 잊어버리다 | 时光 shíguāng 몡 시절, 세월, 시간

확인 문제

단어를 조합해 완성된 문장을 만들어 보세요.
知道   怎么样   我们   无法   会   明天
➡ _____

우리는 내일이 어떻게 될 지 알 수가 없다.

3
喝热茶**不但**能暖身体，**而且**能去除身体里的油，所以中国人常年喝热茶。
Hē rè chá búdàn néng nuǎn shēntǐ, érqiě néng qùchú shēntǐ li de yóu, suǒyǐ Zhōngguó rén chángnián hē rèchá.

뜨거운 차를 마시면 몸을 따뜻하게 할 수 있을 뿐만 아니라, 게다가 몸속의 기름도 제거할 수 있기 때문에, 중국인들은 일년 내내 뜨거운 차를 마신다.

🔍 '不但……而且……'는 '~뿐만 아니라, 게다가 ~하다'라는 의미의 접속사로 어떠한 상황이 한 단계 더 점층 되는 상황을 나타낼 때 쓰는 표현입니다.

他**不但**聪明，**而且**努力。   그는 똑똑할 뿐만 아니라, 게다가 열심히 한다.
Tā búdàn cōngming, érqiě nǔlì.

她**不但**漂亮，**而且**性格也很好。 그녀는 예쁠 뿐만 아니라, 게다가 성격도 매우 좋다.
Tā búdàn piàoliang, érqiě xìnggé yě hěn hǎo.

단어 聪明 cōngming 혱 똑똑하다, 총명하다 | 性格 xìnggé 몡 성격

확인 문제

단어를 조합해 완성된 문장을 만들어 보세요.
聪明   努力   他   不但   而且
➡ _____

그는 똑똑할 뿐만 아니라, 게다가 열심히 한다.

4

中国茶的种类非常多，茶文化丰富多彩。
Zhōngguó chá de zhǒnglèi fēicháng duō, chá wénhuà fēngfù-duōcǎi.
중국 차의 종류는 매우 많고, 차 문화가 풍부하고 다채롭다.

🔍 형용사가 술어로 쓰이는 문장을 '형용사 술어문'이라고 하며, 뒤에 목적어를 취하지 않습니다. 일반적으로 형용사 술어 앞에는 정도를 나타내는 정도부사(예:很，非常 등)와 함께 호응 됩니다.

这儿的景色很美。　　　　　　　　이곳의 경치는 매우 아름답다.
Zhèr de jǐngsè hěn měi.

爸爸做的菜非常好吃。　　　　　　아버지가 만드신 요리는 매우 맛있다.
Bàba zuò de cài fēicháng hǎo chī.

단어 景色 jǐngsè 경치

확인 문제

단어를 조합해 완성된 문장을 만들어 보세요.

好吃　　　爸爸　　　非常　　　做的菜

➡ _____

아버지가 만드신 요리는 매우 맛있다.

5

甚至在咖啡文化流行的现在，中国人也无法放弃对茶的爱。
Shènzhì zài kāfēi wénhuà liúxíng de xiànzài, Zhōngguó rén yě wúfǎ fàngqì duì chá de ài.
심지어 커피 문화가 유행하고 있는 지금도, 중국인들은 차에 대한 애정을 포기할 수 없다.

🔍 '甚至'는 '심지어', '~까지도'라는 의미로 '都'나 '也'와 호응되며 상황을 강조할 때 쓰는 표현입니다.

他的字写得太难看，甚至他自己也不认识。
Tā de zì xiě de tài nánkàn, shènzhì tā zìjǐ yě bú rènshi.
그는 글자를 너무 못 써서, 심지어 본인도 못 알아본다.

他喜欢喝咖啡，甚至每天喝三杯。
Tā xǐhuan hē kāfēi, shènzhì měi tiān hē sān bēi.
그는 커피 마시는 걸 좋아해서, 심지어 매일 세 잔을 마신다.

> **단어**
> 难看 nánkàn 형 보기 싫다, 흉하다 | 自己 zìjǐ 대 본인, 자신, 자기 | 认识 rènshi 동 알다, 인식하다 | 咖啡 kāfēi 명 커피 | 杯 bēi 양 잔 명 잔

확인 문제

단어를 조합해 완성된 문장을 만들어 보세요.

写得   太难看   他的字   他自己也   甚至   不认识

➡ _____

그는 글자를 너무 못 써서, 심지어 본인도 못 알아본다.

✏ 5분 체크 어법

1 제시된 단어가 들어갈 알맞은 위치를 고르세요.

❶ 这 A 这里 B 最 C 好喝 D 的茶。(是)
이것은 여기서 가장 맛있는 차이다.

❷ A 他喜欢 B 喝咖啡 C 每天 D 喝三杯。(甚至)
그는 커피 마시는 걸 좋아해서, 심지어 매일 세 잔을 마신다.

2 다음 제시된 문장을 올바르게 고쳐 보세요.

❶ 无法我忘记我的大学时光。
나는 내 대학 시절을 잊을 수가 없다.

➡ _____

❷ 她不但漂亮，性格也而且很好。
그녀는 예쁠 뿐만 아니라, 게다가 성격도 매우 좋다.

➡ _____

정답 확인

1 ①A ②C
2 ① 我无法忘记我的大学时光。 ② 她不但漂亮，而且性格也很好。

독해 훈련 2 본문 읽어 보기

🎧 Track 01-2 느린 버전 빠른 버전

> 茶是中国最有人气的饮品。中国人对热茶的爱，是我们无法想象的。喝热茶不但能暖身体，而且能去除身体里的油，所以中国人常年喝热茶。中国茶的种类非常多，茶文化丰富多彩。甚至在咖啡文化流行的现在，中国人也无法放弃对茶的爱。

1 다음 질문에 알맞은 답을 고르세요.

❶ 在中国最有人气的饮品是什么？
   A 啤酒   B 牛奶   C 茶   D 水

❷ 喝热茶有什么效果？
   A 减肥   B 暖身体   C 开心   D 减轻压力

❸ 下列选项和课文内容一致的是哪一个？
   A 中国人喜欢喝咖啡   B 中国茶文化丰富多彩
   C 中国人放弃了对茶的爱   D 喝茶能锻炼身体

2 <보기>를 보고 빈칸에 알맞은 단어를 골라 써 보세요.

| 보기 | 有人气 流行 不但……而且…… 无法 种类 |

❶ 茶是中国最_____的饮品。
   차는 중국에서 가장 인기 있는 음료이다.

❷ 中国人对热茶的爱，是我们_____想象的。
   중국인들의 뜨거운 차에 대한 사랑은 우리가 상상할 수 없다.

❸ 喝热茶_____能暖身体，_____能去除身体的油。
   뜨거운 차를 마시면 몸을 따뜻하게 할 수 있을 뿐만 아니라, 게다가 몸속의 기름도 제거할 수 있다.

❹ 中国茶的_____非常多，茶文化丰富多彩。
중국 차의 종류는 매우 많고, 차 문화가 풍부하고 다채롭다.

❺ 甚至在咖啡文化_____的现在，中国人也无法放弃对茶的爱。
심지어 커피 문화가 유행하고 있는 지금도, 중국인들은 차에 대한 애정을 포기할 수 없다.

3 다음 제시된 문장을 읽고, 앞에 지문과 다른 내용을 올바르게 고쳐 보세요.

❶ 中国人喜欢喝茶，他们喜欢喝凉茶。
중국인들은 차 마시는 것을 좋아하며, 그들은 차가운 차를 마시는 것을 좋아한다.

➔ _____

❷ 中国人夏天不喝热茶。
중국인들은 여름에 뜨거운 차를 마시지 않는다.

➔ _____

❸ 中国茶只有红茶和绿茶两种。
중국 차는 홍차와 녹차 두 종류만 있다.

➔ _____

더 알아보자, 중국 문화!

차를 즐기는 중국인

중국의 차는 주로 양쯔강(扬子江) 이남 지역에서 재배되는데, 그 재배 면적이 세계 1위라고 합니다. 제조 과정과 방법에 따라 녹차(绿茶), 홍차(红茶), 우롱차(乌龙茶), 흑차(黑茶), 황차(黄茶), 백차(白茶)로 분류하는데, 이를 육대차류(六大茶类)라고 합니다.

차는 맛도 중요하지만, 향도 똑같이 중요한 요소이기 때문에 차를 즐겨 마시는 사람들은 다구(茶具)를 사용하여, 차의 맛과 향을 극대화합니다. 중국인들이 '这茶真香。(Zhè chá zhēn xiāng.)'이라고 하면 '이 차는 향이 정말 좋다.'라는 의미를 나타냅니다.

차는 인체에 영양을 보충해 주고, 몸속의 노폐물도 배출시킨다고 하여, 중국인들은 한여름에도 뜨거운 차를 마십니다. 하지만 우려낸 지 하루가 지난 차나 너무 진한 차는 건강에 좋지 않다고 합니다. 그래서 중국인들은 '不能喝隔夜茶。(Bù néng hē géyè chá.)*'라는 말을 한다고 합니다.

*隔夜茶 하루 지난 차

해석 및 정답 정답 확인하기

지문 해석

茶是中国最有人气的饮品。中国人对热茶的爱，是我们无法想象的。喝热茶不但能暖身体，而且能去除身体里的油，所以中国人常年喝热茶。中国茶的种类非常多，茶文化丰富多彩。甚至在咖啡文化流行的现在，中国人也无法放弃对茶的爱。

차는 중국에서 가장 인기 있는 음료이다. 중국인들의 뜨거운 차에 대한 사랑은 우리가 상상할 수 없다. 뜨거운 차를 마시면 몸을 따뜻하게 할 수 있을 뿐만 아니라, 게다가 몸속의 기름도 제거할 수 있기 때문에, 중국인들은 일년 내내 뜨거운 차를 마신다. 중국 차의 종류는 매우 많고, 차 문화가 풍부하고 다채롭다. 심지어 커피 문화가 유행하고 있는 지금도, 중국인들은 차에 대한 애정을 포기할 수 없다.

1번 문제 해석

① 在中国最有人气的饮品是什么？
 A 啤酒 B 牛奶 C 茶 D 水

② 喝热茶有什么效果？
 A 减肥   B 暖身体
 C 开心   D 减轻压力

③ 下列选项和课文内容一致的是哪一个？
 A 中国人喜欢喝咖啡
 B 中国茶文化丰富多彩
 C 中国人放弃了对茶的爱
 D 喝茶能锻炼身体

① 중국에서 가장 인기 있는 음료는 무엇인가?
 A 맥주 B 우유 C 차 D 물

② 뜨거운 차를 마시는 것은 어떤 효과가 있는가?
 A 다이어트   B 몸을 따뜻하게 한다
 C 기분이 좋아진다   D 스트레스 감소

③ 윗글에 근거하여, 아래 보기 중 옳은 것은?
 A 중국인들은 커피 마시는 것을 좋아하다
 B 중국의 차 문화는 풍부하고 다채롭다
 C 중국인들은 차에 대한 애정을 포기했다
 D 차를 마시면 몸을 단련할 수 있다

정답

1 ①C ②B ③B
2 ①有人气 ②无法 ③不但，而且 ④种类 ⑤流行
3 ① 中国人喜欢喝茶，他们喜欢喝热茶。
　② 中国人常年喝热茶。
　③ 中国茶的种类非常多。

Chapter 02 아침을 잘 먹어야 하루 종일 힘이 나지

학습 목표

- 特别, 주술 술어문, 一边……一边……, 只好, 才의 용법을 이해할 수 있다.
- 중국의 아침 식사 문화에 대해 알 수 있다.

확인 테스트   다음 제시된 문장을 우리말로 해석해 보세요.

1 中国人重视早餐。

✓ 해석하기 _____

✓ 모르는 단어 써 보기 _____

2 早餐店的生意特别好。

✓ 해석하기 _____

✓ 모르는 단어 써 보기 _____

3 他们一边看新闻, 一边吃早餐。

✓ 해석하기 _____

✓ 모르는 단어 써 보기 _____

정답 확인
1 중국인들은 아침 식사를 중요하게 생각한다.
2 아침 식당(조식 가게)의 장사는 매우 잘 된다.
3 그들은 뉴스를 보면서, 아침 식사를 한다.

단어 — 단어 공부하기

Track 02-1

단어	병음	의미
重视	zhòngshì	동 중시하다
早餐	zǎocān	명 아침 식사
生意	shēngyi	명 장사, 영업
一定	yídìng	부 반드시, 필히, 꼭
急着	jízhe	급히 서두르다
包子	bāozi	명 (만두소가 있는 찐빵) 빠오즈
点	diǎn	동 시키다, 주문하다
碗	wǎn	명 그릇
豆浆	dòujiāng	명 두유
豆腐脑	dòufunǎo	명 순두부
新闻	xīnwén	명 뉴스
旁	páng	명 옆, 곁
一整天	yì zhěng tiān	하루 종일
力气	lìqi	명 (육체적인) 힘

📖 독해 훈련 1   문장 분석하기

1
> 中国人重视早餐，所以早餐店的生意都特别好。
> Zhōngguó rén zhòngshì zǎocān, suǒyǐ zǎocān diàn de shēngyì dōu tèbié hǎo.
> 중국인들은 아침 식사를 중요하게 생각해서, 아침 식당(조식 가게)의 장사는 매우 잘 된다.

🔍 '特别'는 '특히', '매우'라는 의미의 정도 부사로 술어 앞에 놓여 일반적이지 않은 특별한 정도를 나타낼 때 쓰는 표현입니다.

他特别喜欢听古典音乐。　　　그는 클래식 음악 듣는 것을 매우 좋아한다.
Tā tèbié xǐhuan tīng gǔdiǎn yīnyuè.

我妈妈年轻的时候特别漂亮。　　우리 어머니는 젊었을 때 매우 예쁘셨다.
Wǒ māma niánqīng de shíhou tèbié piàoliang.

단어 古典 gǔdiǎn 형 고전의 | 音乐 yīnyuè 명 음악 | 年轻 niánqīng 형 젊다

확인 문제
단어를 조합해 완성된 문장을 만들어 보세요.

喜欢　　　古典音乐　　　特别　　　他　　　听

➡ _____

그는 클래식 음악 듣는 것을 매우 좋아한다.

2
> 早餐店里的早餐种类丰富，一定有你喜欢吃的东西。
> Zǎocān diàn li de zǎocān zhǒnglèi fēngfù, yídìng yǒu nǐ xǐhuan chī de dōngxi.
> 아침 식당의 아침 식사는 종류가 다양해서, 당신이 좋아하는 음식이 분명 있을 것이다.

🔍 주술 술어문이란, 술어가 동사나 형용사가 아닌 '주어+술어'의 구조로 된 문장입니다. 본문에서 주어는 '早餐 아침밥'이고, 술어는 주술 구조로 된 '种类+丰富 종류가 다양하다'입니다.

这家店的咖啡味道很不错。　　　이 커피숍의 커피 맛은 매우 괜찮다.
Zhè jiā diàn de kāfēi wèidào hěn búcuò.

他性格温和，总是笑着。　　　　그는 성격이 온화하고, 늘 웃고 있다.
Tā xìnggé wēnhé, zǒngshì xiàozhe.

단어 味道 wèidào 명 맛 | 不错 búcuò 형 괜찮다, 좋다 | 性格 xìnggé 명 성격 | 温和 wēnhé 형 (성품·태도가) 온화하다, 부드럽다

확인 문제

단어를 조합해 완성된 문장을 만들어 보세요.

味道　　咖啡　　这家店的　　不错　　很

➡ _____

이 커피숍의 커피 맛이 매우 괜찮다.

3 急着上班的人们在早餐店里买几个包子，点一碗豆浆或者豆腐脑，一边看新闻，一边吃早餐。
Jízhe shàngbān de rénmen zài zǎocān diàn li mǎi jǐ ge bāozi, diǎn yì wǎn dòujiāng huòzhě dòufunǎo, yìbiān kàn xīnwén yìbiān chī zǎocān.
급하게 출근하는 사람들은 아침 식당에서 빠오즈 몇 개를 사고, 두유나 순두부 한 그릇을 주문하고, 뉴스를 보면서, 아침 식사를 한다.

🔍 중국어에서 자주 쓰이는 '一边…… 一边……'은 '~를 하면서, ~를 하다'라는 의미로 두 가지의 동작이 동시에 진행하고 있음을 나타냅니다.

他一边和女朋友打电话，一边打游戏。　　그는 여자 친구와 통화하면서, 게임을 한다.
Tā yìbiān hé nǚ péngyou dǎ diànhuà, yìbiān dǎ yóuxì.

他一边看书，一边听音乐。　　　　　　　그는 책을 보면서, 음악을 듣는다.
Tā yìbiān kàn shū, yìbiān tīng yīnyuè.

단어 打 dǎ 통 (게임 따위를) 하다 | 游戏 yóuxì 명 게임

 확인 문제

단어를 조합해 완성된 문장을 만들어 보세요.

一边　　听音乐　　他　　看书　　一边

➡ _____

그는 책을 보면서, 음악을 듣는다.

4

有时候店里人太多，他们只好坐在外面的桌子旁吃饭。
Yǒushíhòu diàn li rén tài duō, tāmen zhǐhǎo zuò zài wàimiàn de zhuōzi páng chīfàn.
때로는 가게 안에 사람이 너무 많아서, 그들은 어쩔 수 없이 바깥 테이블 옆에 앉아서 밥을 먹는다.

 '只好'는 '어쩔 수 없이', '부득이'라는 의미의 부사로 오로지 한 가지만을 선택할 수밖에 없는 상황을 표현할 때 쓰는 표현입니다.

家里没有米了，我只好吃方便面。
Jiāli méiyǒu mǐ le, wǒ zhǐhǎo chī fāngbiànmiàn.
집에 쌀이 없어서, 나는 어쩔 수 없이 라면을 먹는다.

雨太大了，我只好打车上班。
Yǔ tài dà le, wǒ zhǐhǎo dǎchē shàngbān.
비가 너무 많이 와서, 나는 어쩔 수 없이 택시를 타고 출근한다.

단어 方便面 fāngbiànmiàn 명 라면 | 打车 dǎchē 동 택시를 타다

확인 문제

단어를 조합해 완성된 문장을 만들어 보세요.

吃方便面　　家里　　我　　没有米了　　只好

➡ _____

집에 쌀이 없어서, 나는 어쩔 수 없이 라면을 먹는다.

5

早餐吃好了，一整天才有力气。
Zǎocān chīhǎo le, yì zhěng tiān cái yǒu lìqi.
아침을 잘 먹어야, 하루 종일 힘이 난다.

 '才'는 '비로소'라는 의미의 부사로 어떠한 조건이나 상황에 의해서 일정한 결과가 비로소 나타날 때 쓰는 표현입니다.

他说了十遍，她才记住他的电话号码。
Tā shuō le shí biàn, tā cái jìzhù tā de diànhuà hàomǎ.
그가 열 번을 말하고 나서야, 그녀는 겨우 그의 전화번호를 기억했다.

直到他遇见了她，他才找到了真爱。
Zhídào tā yùjiàn le tā, tā cái zhǎodào le zhēn'ài.
그가 그녀를 만나고 나서야, 그는 비로소 진정한 사랑을 찾았다.

> **단어** 遍 biàn 양 번, 회(횟수를 세는 단위) | 直到 zhídào 동 쭉 ~에 이르다 |
> 遇见 yùjiàn 동 만나다, 부딪치다 | 真爱 zhēn'ài 진정한 사랑

확인 문제

단어를 조합해 완성된 문장을 만들어 보세요.

十遍   记住   他说了   才   他的电话号码   她

➡ _____

그가 열 번을 말하고 나서야, 그녀는 겨우 그의 전화번호를 기억했다.

5분 체크 어법

1 제시된 단어가 들어갈 알맞은 위치를 고르세요.

❶ A 我妈妈 B 年轻的时候 C 漂亮 D 。(特别)
우리 어머니는 젊었을 때 매우 예쁘셨다.

❷ A 雨太大了 B 我 C 打车 D 上班。(只好)
비가 너무 많이 와서, 나는 어쩔 수 없이 택시를 타고 출근한다.

2 다음 제시된 문장을 올바르게 고쳐 보세요.

❶ 直到他才遇见了她，他找到了真爱。
그가 그녀를 만나고 나서야, 그는 비로소 진정한 사랑을 찾았다.

➡ _____

❷ 他温和性格，总是笑着。
그는 성격이 온화하고, 늘 웃고 있다.

➡ _____

> **정답 확인**
> 1 ①C ②C
> 2 ① 直到他遇见了她，他才找到了真爱。　② 他性格温和，总是笑着。

독해 훈련 2 본문 읽어 보기

🎧 Track 02-2 느린 버전 빠른 버전

> 中国人重视早餐，所以早餐店的生意都特别好。早餐店里的早餐种类丰富，一定有你喜欢吃的东西。急着上班的人们在早餐店里买几个包子，点一碗豆浆或者豆腐脑，一边看新闻一边吃早餐。有时候店里人太多，他们只好坐在外面的桌子旁吃饭。早餐吃好了，一整天才有力气。

1 다음 질문에 알맞은 답을 고르세요.

❶ 中国人重视什么？
 A 早餐   B 午餐   C 晚餐   D 零食

❷ 下面哪一个不是中国人早餐经常吃的食物？
 A 包子   B 豆浆   C 汉堡   D 豆腐脑

❸ 下列选项和课文内容一致的是哪一个？
 A 中国早餐店的早餐种类丰富   B 中国的早餐店生意不好
 C 中国人早餐只吃包子   D 中国人非常重视晚餐

2 <보기>를 보고 빈칸에 알맞은 단어를 골라 써 보세요.

| 보기 | 一定　生意　一边……一边……　一整天　只好 |

❶ 中国人重视早餐，所以早餐店的 _____ 都特别好。
중국인들은 아침 식사를 중요하게 생각해서, 아침 식당(조식 가게)의 장사는 매우 잘 된다.

❷ 早餐店里的早餐种类丰富，_____ 有你喜欢吃的东西。
아침 식당의 아침 식사는 종류가 다양해서, 당신이 좋아하는 음식이 분명 있을 것이다.

❸ 急着上班的人们在早餐店里买几个包子，点一碗豆浆或者豆腐脑，_____ 看新闻，_____ 吃早餐。
급하게 출근하는 사람들은 아침 식당에서 빠오즈 몇 개를 사고, 두유나 순두부 한 그릇을 주문하고, 뉴스를 보면서, 아침 식사를 한다.

❹ 有时候店里人太多，他们_____坐在外面的桌子旁吃饭。
때로는 가게 안에 사람이 너무 많아서, 그들은 어쩔 수 없이 바깥 테이블 옆에 앉아서 밥을 먹는다.

❺ 早餐吃好了，_____才有力气。
아침을 잘 먹어야, 하루 종일 힘이 난다.

3 다음 제시된 문장을 읽고, 앞에 지문과 다른 내용을 올바르게 고쳐 보세요.

❶ 中国人很重视晚餐。
중국인들은 저녁 식사를 매우 중요하게 생각한다.

➡ _____

❷ 中国早餐店里有包子，还有豆腐脑和烤鸭。
중국의 아침 식당 안에는 빠오즈가 있고, 또 순두부와 오리구이가 있다.

➡ _____

❸ 中国人不在早餐店外面的桌子旁吃饭。
중국인들은 아침 식당의 바깥 테이블 옆에 앉아서 밥을 먹지 않는다.

➡ _____

더 알아보자, 중국 문화!

아침 식사의 풍경

'早饭要吃好，午饭要吃饱，晚饭要吃少。(Zǎofàn yào chī hǎo, wǔfàn yào chī bǎo, wǎnfàn yào chī shǎo.)' 아침밥은 잘 먹어야 하고, 점심밥은 배부르게 먹고, 저녁밥은 적게 먹어야 한다는 의미의 속담이 있습니다. 중국인들은 아침밥을 잘 먹어야 몸이 따뜻해지고, 하루 종일 힘이 난다고 생각하기 때문에 아침밥을 꼭 먹으려고 합니다.

중국인들이 자주 먹는 아침밥으로는 '包子(bāozi, 빠오즈), 饺子(jiǎozi, 만두), 馒头(mántou, 소가 없는 찐빵), 粥(zhōu, 죽), 豆腐脑(dòufunǎo, 순두부), 豆浆(dòujiāng, 두유), 油条(yóutiáo, 요우티아오, 꽈배기 모양의 튀김빵), 煎饼(jiānbing, 전병), 馄饨(húntún, 훈툰, 중국 북방 지역에서 많이 먹는 중국식 물만두)' 등이 있습니다.

최근 들어, 아침 식사를 푸짐하게 제공해 주는 식당도 많이 생겼습니다. 대부분 'OO죽집'이라는 이름을 붙여서 'OO粥铺(OOzhōu pù)'라고 부르는데, 이 식당은 뷔페식으로 운영되며, 자신의 기호에 맞게 원하는 음식을 골라 먹을 수 있습니다.

해석 및 정답 정답 확인하기

지문 해석

中国人重视早餐，所以早餐店的生意都特别好。早餐店里的早餐种类丰富，一定有你喜欢吃的东西。急着上班的人们在早餐店里买几个包子，点一碗豆浆或者豆腐脑，一边看新闻，一边吃早餐。有时候店里人太多，他们只好坐在外面的桌子旁吃饭。早餐吃好了，一整天才有力气。

중국인들은 아침 식사를 중요하게 생각해서, 아침 식당(조식 가게)의 장사는 매우 잘 된다. 아침 식당의 아침 식사는 종류가 다양해서, 당신이 좋아하는 음식이 분명 있을 것이다. 급하게 출근하는 사람들은 아침 식당에서 빠오즈 몇 개를 사고, 두유나 순두부 한 그릇을 주문하고, 뉴스를 보면서, 아침 식사를 한다. 때로는 가게 안에 사람이 너무 많아서, 그들은 어쩔 수 없이 바깥 테이블 옆에 앉아서 밥을 먹는다. 아침을 잘 먹어야, 하루 종일 힘이 난다.

1번 문제 해석

① 中国人重视什么？
　A 早餐　B 午餐　C 晚餐　D 零食

② 下面哪一个不是中国人早餐经常吃的食物？
　A 包子　B 豆浆　C 汉堡　D 豆腐脑

③ 下列选项和课文内容一致的是哪一个？
　A 中国早餐店的早餐种类丰富
　B 中国的早餐店生意不好
　C 中国人早餐只吃包子
　D 中国人非常重视晚餐

① 중국인들은 무엇을 중요하게 생각하는가?
　A 아침 식사　B 점심 식사　C 저녁 식사　D 간식

② 다음 중 중국인들이 아침 식사로 자주 먹는 음식이 아닌 것은?
　A 빠오즈　B 두유　C 햄버거　D 순두부

③ 보기 중에서 본문 내용과 일치하는 것은?
　A 중국 아침 식당의 아침 식사 종류는 다양하다
　B 중국 아침 식당의 장사가 잘 되지 않는다
　C 중국인들은 아침 식사로 빠오즈만 먹는다
　D 중국인들은 저녁 식사를 중요하게 생각한다

정답

1 ① A　② C　③ A

2 ① 生意　② 一定　③ 一边，一边　④ 只好　⑤ 一整天

3 ① 中国人很重视早餐。
　② 中国早餐店里有包子，还有豆腐，没有烤鸭。
　③ 店里人多的时候，他们只好坐在外面的桌子旁吃饭。

Chapter 03 정말 배불러서 더는 못 먹겠어

학습 목표

- 如果, 이중부정 不, 결과보어, 정도보어, 直到……为止의 용법을 이해할 수 있다.
- 중국의 식사 예절에 대해 알 수 있다.

확인 테스트

다음 제시된 문장을 우리말로 해석해 보세요.

❶ 这不是不礼貌的表现。

✓ 해석하기 _____

✓ 모르는 단어 써 보기 _____

❷ 我真的吃饱了, 饱到不能再吃了。

✓ 해석하기 _____

✓ 모르는 단어 써 보기 _____

❸ 中国人可能会觉得自己招待得不够好。

✓ 해석하기 _____

✓ 모르는 단어 써 보기 _____

정답 확인

❶ 이것은 예의 없는 행동이 아니다.
❷ 나는 정말 배부르게 먹었다, 더는 못 먹을 정도이다.
❸ 중국인들은 자신이 대접한 것이 충분하지 않다고 느낄 수 있다.

단어 단어 공부하기 🎧 Track 03-1

단어	병음	의미
请	qǐng	동 (식사나 파티에) 대접하다, 초대하다
注意	zhùyì	동 주의하다
饭菜	fàncài	명 음식, 밥과 반찬
剩下	shèngxià	동 남다, 남기다
礼貌	lǐmào	명 예의
表现	biǎoxiàn	명 표현, 행동, 태도 동 나타내다, 표현하다
行动	xíngdòng	명 행동, 행위
意思	yìsi	명 뜻, 의미
的话	dehuà	조 ~라면
可能	kěnéng	조동 아마, 아마도, ~가능성이 있다
招待	zhāodài	동 접대하다, 환대하다
不够	búgòu	동 부족하다, 모자라다, 충분히~하지 않다
继续	jìxù	동 계속하다
直到……为止	zhídào……wéizhǐ	쭉 ~할 때까지 하다

📖 독해 훈련 1 문장 분석하기

1

> 如果请你吃饭的人是一个中国人，那你一定要注意，饭菜要剩下一点。
> Rúguǒ qǐng nǐ chīfàn de rén shì yí ge Zhōngguó rén, nà nǐ yídìng yào zhùyì, fàncài yào shèngxià yìdiǎn.
> 만약 당신에게 식사를 대접한 사람이 중국인이라면, 당신은 반드시 주의해서, 음식을 조금 남겨야 한다.

🔍 '如果'는 '만약'이라는 의미의 접속사로 어떤 일을 가정할 때 사용하며, '那', '那么', '就'와 호응되어 가정에 따른 결과를 나타냅니다.

如果你不喜欢这个工作，可以换一个。
Rúguǒ nǐ bù xǐhuan zhège gōngzuò, kěyǐ huàn yí ge.
만약 당신이 이 일이 마음에 들지 않는다면, 바꿔도 된다.

如果你不去，那我也不去了。 만약 당신이 안 가면, 나도 가지 않겠다.
Rúguǒ nǐ bú qù, nà wǒ yě bú qù le.

> **단어** 工作 gōngzuò 몡 직업, 노동, 직무 툉 일하다 | 换 huàn 툉 바꾸다

> **확인 문제**
> 단어를 조합해 완성된 문장을 만들어 보세요.
> 可以   不喜欢   如果   换一个   这个工作   你
> ➡ _____
> 만약 당신이 이 일이 마음에 들지 않는다면, 바꿔도 된다.

2

> 这不是不礼貌的表现。
> Zhè bú shì bù lǐmào de biǎoxiàn.
> 이것은 예의 없는 행동이 아니다.

🔍 중국어는 부정부사 '不'를 사용하여 부정의 의미를 표현합니다. '不'를 두 차례 반복 사용하여 이중부정으로 나타낼 수 있는데, 이 때의 해석은 부정의 의미가 아닌, 긍정의 의미를 나타냅니다.

他不是一个不讲信用的人。 그는 신용이 없는 사람이 아니다.
Tā bú shì yí ge bù jiǎng xìnyòng de rén.

转过头喝酒不是不喜欢喝酒。
Zhuǎnguo tóu hē jiǔ bú shì bù xǐhuan hē jiǔ.
고개를 돌려서 술을 마시는 것은 술을 마시기 싫은 것이 아니다.

단어 讲信用 jiǎng xìnyòng 신용이 있다

확인 문제

단어를 조합해 완성된 문장을 만들어 보세요.

他　　一个　　不是　　不讲信用的　　人

➡ _____

그는 신용이 없는 사람이 아니다.

3 这种行动的意思是，"我真的吃饱了，饱到不能再吃了"。
Zhè zhǒng xíngdòng de yìsi shì, "wǒ zhēn de chībǎo le, bǎo dào bù néng zài chī le".
이러한 행동의 의미는, '나는 정말 배부르게 먹었다, 더는 못 먹을 정도이다'이다.

🔍 결과보어는 술어 뒤에 놓여 동작의 결과를 보충 설명합니다. 본문에서는 술어 '吃' 뒤에 '饱'를 사용하여 배부르다는 결과를 표현하고 있습니다.

他吃光了碗里的饭，又要了一碗。　　그는 그릇 안의 밥을 다 먹고, 또 한 그릇을 달라고 했다.
Tā chīguāng le wǎn li de fàn, yòu yào le yì wǎn.

你一个人在家一定要吃好三餐。　　너는 혼자 집에 있으니 세 끼를 반드시 잘 먹어야 한다.
Nǐ yí ge rén zài jiā yídìng yào chīhǎo sān cān.

단어 餐 cān 몡 끼니, 식사 | 吃光 chīguāng (남김 없이) 다 먹었다 | 吃好 chīhǎo 잘 먹었다

확인 문제

단어를 조합해 완성된 문장을 만들어 보세요.

碗里的饭　　吃光了　　要了　　他　　又　　一碗

➡ _____

그는 그릇 안의 밥을 다 먹고, 또 한 그릇을 달라고 했다.

4 中国人可能会觉得自己招待得不够好。
Zhōngguó rén kěnéng huì juéde zìjǐ zhāodài de búgòu hǎo.
중국인들은 자신이 대접한 것이 충분하지 않다고 느낄 수 있다.

🔍 정도보어는 술어 뒤에 놓여 동작이나 상태의 정도를 나타내거나 묘사, 평가할 때 쓰는 표현입니다. 정도보어의 어순은 '주어+술어+得+정도보어'이고, 부정형은 '주어+술어+得+不+정도보어'입니다.

她笑得很开心。　　　　　　　그녀가 즐겁게 웃고 있다.
Tā xiào de hěn kāixīn.

他吃得不太多。　　　　　　　그는 그다지 많이 먹지 않는다.
Tā chī de bú tài duō.

단어 开心 kāixīn 〔형〕 즐겁다, 기분이 좋다

확인 문제
단어를 조합해 완성된 문장을 만들어 보세요.
笑　　开心　　得　　很　　她
➡ _____
그녀가 즐겁게 웃고 있다.

5 他们会继续点菜，直到你吃好为止。
Tāmen huì jìxù diǎn cài, zhídào nǐ chī hǎo wéizhǐ.
그들은 당신이 잘 먹을 때까지 계속해서 요리를 주문할 것이다.

🔍 '直到……为止'는 '쭉 ~할 때까지'라는 의미로 주로 시간이나 진도 등에 쓰이며 '~을 끝으로 하다', '~까지 하다'의 의미를 나타낼 때 쓰는 표현입니다.

他一直学习，直到图书馆关了为止。
Tā yìzhí xuéxí, zhídào túshūguǎn guān le wéizhǐ.
그는 도서관 문이 닫힐 때까지 계속 공부하고 있다.

他继续吃饭，直到吃饱了为止。　　그는 배가 부를 때까지 계속 밥을 먹는다.
Tā jìxù chīfàn, zhídào chībǎo le wéizhǐ.

단어 图书馆 túshūguǎn 명 도서관 | 关 guān 동 (문을) 닫다

확인 문제

단어를 조합해 완성된 문장을 만들어 보세요.

他　　直到　　一直　　为止　　学习　　图书馆　　关了

➡ _____

그는 도서관 문이 닫힐 때까지 계속 공부하고 있다.

✏️ 5분 체크 어법

1 제시된 단어가 들어갈 알맞은 위치를 고르세요.

❶ A 转过头 B 喝酒 C 是不喜欢 D 喝酒。(不)

고개를 돌려서 술을 마시는 것은 술을 마시기 싫은 것이 아니다.

❷ A 你一个人 B 在家一定要 C 吃 D 三餐。(好)

너는 혼자 집에 있으니 세 끼를 반드시 잘 먹어야 한다.

2 다음 제시된 문장을 올바르게 고쳐 보세요.

❶ 如果你不去，我那也不去了。

만약 당신이 안 가면, 나도 가지 않겠다.

➡ _____

❷ 他吃不太多得。

그는 그다지 많이 먹지 않는다.

➡ _____

정답 확인

1 ① C　② D
2 ① 如果你不去，那我也不去了。　② 他吃得不太多。

독해 훈련 2 본문 읽어 보기

🎧 Track 03-2   느린 버전   빠른 버전

> 如果请你吃饭的人是一个中国人，那你一定要注意，饭菜要剩下一点。这不是不礼貌的表现。这种行动的意思是，"我真的吃饱了，饱到不能再吃了"。如果你都吃光的话，中国人可能会觉得自己招待得不够好。他们会继续点菜，直到你吃好为止。

1 다음 질문에 알맞은 답을 고르세요.

① 中国人请你吃饭，你要注意什么？
　A 都吃光　　B 剩下一点　　C 不要去　　D 不吃

② 为什么要剩一点饭菜？
　A 不好吃　　B 表示吃饱　　C 不礼貌　　D 想要继续吃

③ 下列选项和课文内容一致的是哪一个？
　A 中国人不喜欢请别人吃饭　　B 我们不能和中国人一起吃饭
　C 中国人喜欢在家吃饭　　　　D 如果你吃光的话，中国人会继续点餐

2 <보기>를 보고 빈칸에 알맞은 단어를 골라 써 보세요.

| 보기 | 继续　　表现　　注意　　如果　　吃饱 |

① 你一定要＿＿＿＿＿，饭菜要剩下一点。
　당신은 반드시 주의해서, 음식을 조금 남겨야 한다.

② 这不是不礼貌的＿＿＿＿＿。
　이것은 예의 없는 행동이 아니다.

③ 我真的＿＿＿＿＿了，饱到不能再吃了。
　나는 정말 배부르게 먹었다, 더는 못 먹을 정도이다.

❹ _____ 你都吃光的话，中国人可能会觉得自己招待得不够好。
만약 당신이 남김없이 먹는다면, 중국인들은 자신이 대접한 것이 충분하지 않다고 느낄 수 있다.

❺ 他们会 _____ 点菜，直到你吃好为止。
그들은 당신이 잘 먹을 때까지 계속해서 요리를 주문할 것이다.

3 다음 제시된 문장을 읽고, 앞에 지문과 다른 내용을 올바르게 고쳐 보세요.

❶ 如果请你吃饭的是一个中国人，饭菜不能剩下。
만약 중국인이 당신에게 식사를 대접한다면, 밥과 반찬을 남겨서는 안 된다.

➡ _____

❷ 剩下饭菜是不礼貌的表现。
밥과 반찬을 남기는 것은 예의 없는 행동이다.

➡ _____

❸ 如果你都吃光的话，中国人会很高兴。
만약 당신이 남김없이 먹는다면, 중국인은 기뻐할 것이다.

➡ _____

더 알아보자, 중국 문화!

중국의 식탁 문화

중국인들은 친구를 사귀고 싶거나 상대방과 친해지고 싶을 때 식사 초대를 하는 경우가 있습니다. 중국인과 같이 식사를 할 때 많이 들을 수 있는 말은 '你有没有忌口的？(Nǐ yǒu méiyǒu jìkǒu de?)', '혹시 꺼리는 음식이 있나요?'라는 의미로 자신이 못 먹는 음식을 대답하면 됩니다.

중국인들은 옛날부터 '식' 문화를 중요시하여 '民以食为天。(mín yǐ shí wéi tiān.)'이라는 속담이 있습니다. 백성은 식량을 하늘로 여긴다는 의미로, 이는 식량이 곧 국민 생활의 근본이라는 것을 의미합니다. 이처럼 풍족한 상차림의 식탁 문화가 중국에서 자리 잡고 있기 때문에, 중국인들은 식당에서 음식을 시킬 때 보통 인원수보다 1~2개의 요리를 더 추가해서 시킵니다.

중국인들은 '再吃点儿吧，别客气。(Zài chī diǎnr ba, bié kèqi.)'라고 말하며 음식을 더 권하는데, 이럴 때는 당황하지 말고 '真的吃饱了。(Zhēn de chībǎo le.)'라고 말하며 잘 먹었다는 의사 표시를 하면 됩니다.

해석 및 정답 　정답 확인하기

지문 해석

如果请你吃饭的人是一个中国人，那你一定要注意，饭菜要剩下一点。这不是不礼貌的表现。这种行动的意思是，"我真的吃饱了，饱到不能再吃了"。如果你都吃光的话，中国人可能会觉得自己招待得不够好。他们会继续点菜，直到你吃好为止。

만약 당신에게 식사를 대접한 사람이 중국인이라면, 당신은 반드시 주의해서 음식을 조금 남겨야 한다. 이것은 예의 없는 행동이 아니다. 이런 행동은 '나는 정말 배부르게 먹었다, 더는 못 먹을 정도이다'라는 의미이다. 만약 당신이 남김없이 먹는다면, 중국인들은 자신이 대접한 것이 충분하지 않다고 느낄 수 있다. 그들은 당신이 잘 먹을 때까지 계속해서 요리를 주문할 것이다.

1번 문제 해석

① 中国人请你吃饭，你要注意什么？
　A 都吃光　　B 剩下一点
　C 不要去　　D 不吃

② 为什么要剩一点饭菜？
　A 不好吃　　B 表示我饱
　C 不礼貌　　D 想要继续吃

③ 下列选项和课文内容一致的是哪一个？
　A 中国人不喜欢请别人吃饭
　B 我们不能和中国人一起吃饭
　C 中国人喜欢在家吃饭
　D 如果你吃光的话，中国人会继续点餐

① 중국인들이 당신에게 식사 대접을 할 때, 무엇을 주의해야 하는가?
　A 남김 없이 다 먹는다　　B 조금 남긴다
　C 가면 안 된다　　D 안 먹는다

② 음식은 왜 조금 남겨야 하는가?
　A 맛이 없어서　　B 배부르다는 것을 표시하려고
　C 예의가 없어서　　D 계속 먹으려고

③ 본문에 근거하여, 아래 보기 중 옳은 것은?
　A 중국인은 다른 사람에게 식사 대접하는 것을 좋아하지 않는다
　B 우리는 중국인과 같이 밥을 먹으면 안 된다
　C 중국인들은 집에서 밥 먹는 것을 좋아한다
　D 만약 당신이 남김없이 먹는다면, 중국인들은 계속해서 요리를 주문할 것이다

정답

1　① B　② B　③ D
2　① 注意　② 表现　③ 吃饱　④ 如果　⑤ 继续
3　① 如果请你吃饭的人是一个中国人，饭菜要剩下一点。
　② 剩下饭菜不是不礼貌的表现。
　③ 如果你都吃光的话，中国人可能会觉得自己招待得不够好。

Chapter 04 술잔에 물고기를 키우실 건가요?

학습 목표

- 把, 会, 随时, 即使……也……, 觉得의 용법을 이해할 수 있다.
- 중국 음주 문화에 대해 알 수 있다.

확인 테스트
다음 제시된 문장을 우리말로 해석해 보세요.

❶ 中国人说了"干杯"就一定要把酒喝完。

✓ 해석하기 _____

✓ 모르는 단어 써 보기 _____

❷ 他们会随时给你倒酒。

✓ 해석하기 _____

✓ 모르는 단어 써 보기 _____

❸ 他们觉得, 转过头喝酒就是不喜欢喝。

✓ 해석하기 _____

✓ 모르는 단어 써 보기 _____

정답 확인
❶ 중국인들은 '건배'라고 말하면 반드시 술을 다 마시려고 한다.
❷ 그들은 수시로 당신에게 술을 따를 것이다.
❸ 그들은 고개를 돌려 술을 마시는 것이 (술을) 마시고 싶지 않은 것이라고 생각한다.

단어

단어 공부하기　　　　　　　　　　　　　Track 04-1

단어	병음	의미
干杯	gānbēi	통 건배하다, 잔을 비우다
喝光	hēguāng	남김없이 다 마시다
问	wèn	통 묻다
酒杯	jiǔbēi	명 술잔
养鱼	yǎng yú	물고기를 키우다
而且	érqiě	접 게다가
随时	suíshí	부 수시로, 아무 때나
倒酒	dào jiǔ	술을 따르다
不管	bùguǎn	접 ~에 관계없이
空	kōng	형 (속이) 비다
长辈	zhǎngbèi	명 윗사람, 연장자
转过头	zhuǎn guò tóu	고개를 돌리다
直接	zhíjiē	형 직접, 바로
面对面	miànduìmiàn	얼굴을 마주하다

📖 독해 훈련 1 문장 분석하기

1
> 中国人说了"干杯"就一定要把酒喝完。
> Zhōngguó rén shuō le "gānbēi" jiù yídìng yào bǎ jiǔ hēwán.
> 중국인들은 '건배'라고 말하면 반드시 술을 다 마시려고 한다.

🔍 '把'는 '~을(를)'에 해당하는 개사로 목적어를 술어 앞으로 도치하여 동작의 결과와 변화를 강조할 때 사용합니다. '把'자문의 목적어는 특정적이어야 하고, '把'자문의 동사 뒤에는 반드시 기타성분이 와야 합니다.

他把爸爸最喜欢的酒喝光了。　　그는 아버지가 가장 좋아하는 술을 다 마셔버렸다.
Tā bǎ bàba zuì xǐhuan de jiǔ hēguāng le.

他把弟弟的书拿走了。　　그는 동생의 책을 가져갔다.
Tā bǎ dìdi de shū názǒu le.

단어 拿走 názǒu 가져가다

확인 문제
단어를 조합해 완성된 문장을 만들어 보세요.
爸爸　　把　　最喜欢的酒　　喝光了　　他
➡ _____
그는 아버지가 가장 좋아하는 술을 다 마셔버렸다.

2
> 如果你没把酒喝光，中国人可能会问你，"你要在酒杯里养鱼吗？"
> Rúguǒ nǐ méi bǎ jiǔ hēguāng, Zhōngguó rén kěnéng huì wèn nǐ, "nǐ yào zài jiǔbēi lǐ yǎng yú ma?"
> 만약 당신이 술을 다 마시지 않는다면, 중국인은 아마 당신에게 (이렇게) 질문할 것이다. '술잔에 물고기를 키우실 건가요?'

🔍 조동사 '会'는 '~일 것이다', '~할 가능성이 있다'라는 의미로 동사 앞에 놓여 말하는 이의 판단에 따른 '추측'을 나타냅니다.

明天他可能会在家休息。　　내일 그는 아마도 집에서 쉴 것이다.
Míngtiān tā kěnéng huì zài jiā xiūxi.

他今天下午可能会给你打电话。 　　그는 오늘 오후에 아마도 너에게 전화할 것이다.
Tā jīntiān xiàwǔ kěnéng huì gěi nǐ dǎ diànhuà.

단어 休息 xiūxi 동 쉬다

확인 문제

단어를 조합해 완성된 문장을 만들어 보세요.

休息　　在家　　可能会　　明天　　他

➡ _____

내일 그는 아마도 집에서 쉴 것이다.

3 他们会随时给你倒酒，不管酒杯是不是空的。
Tāmen huì suíshí gěi nǐ dào jiǔ, bùguǎn jiǔbēi shì bu shì kōng de.
그들은 술잔이 비었든 아니든 상관없이 수시로 당신에게 술을 따를 것이다.

🔍 '随时'는 '수시로', '때를 가리지 않고', '아무 때나', '언제든지'라는 의미의 부사로 술어 앞에 위치합니다.

他随时都带着他的手机。 　　그는 언제든지 그의 휴대 전화를 가지고 다닌다.
Tā suíshí dōu dàizhe tā de shǒujī.

有事儿的话，你随时找我吧。 　　일이 있으면 언제든지 나를 찾아와.
Yǒu shìr de huà, nǐ suíshí zhǎo wǒ ba.

단어 带 dài 동 몸에 지니다 | 有事儿 yǒushìr 일이 생기다, 문제가 생기다

확인 문제

단어를 조합해 완성된 문장을 만들어 보세요.

随时　　都　　他　　手机　　带着　　他的

➡ _____

그는 언제든지 그의 휴대 전화를 가지고 다닌다.

4 即使有长辈在，他们也不会转过头喝酒，直接面对面喝就行。
Jíshǐ yǒu zhǎngbèi zài, tāmen yě bú huì zhuǎn guò tóu hē jiǔ, zhíjiē miàn duìmiàn hē jiù xíng.
설령 어른(윗사람)이 있어도, 그들은 고개를 돌리지 않고 술을 마시며, 직접 마주 보고 마시면 된다.

🔍 '即使……也……'는 '설령 ~할지라도 ~하다'라는 의미의 접속사로 어떤일에 대한 조건이 변할지라도 결과가 바뀌지 않음을 나타낼 때 쓰는 표현입니다.

即使是小事，也要认真做。　　설령 작은 일이라도 열심히 해야 한다.
Jíshǐ shì xiǎo shì, yě yào rènzhēn zuò.

即使遇到困难，我们也不放弃。　설령 어려움에 부딪칠지라도 우리는 포기하지 않는다.
Jíshǐ yùdào kùnnan, wǒmen yě bú fàngqì.

단어 认真 rènzhēn ⑱ 진지하다, 성실하다 | 困难 kùnnan ⑲ 어려움 ⑱ 어렵다

확인 문제

단어를 조합해 완성된 문장을 만들어 보세요.

也要　　即使　　认真做　　小事　　是

➡ _____

설령 작은 일이라도 열심히 해야 한다.

5 他们觉得，转过头喝酒就是不喜欢喝，是不礼貌的表现。
Tāmen juéde, zhuǎn guò tóu hē jiǔ jiù shì bù xǐhuan hē, shì bù lǐmào de biǎoxiàn.
그들은 고개를 돌려 술을 마시는 것이 (술을) 마시고 싶지 않은 것이라며, 예의 없는 행동이라고 생각한다.

🔍 '觉得'는 '~라고 생각하다', '~라고 느끼다'라는 의미의 동사로, 자신의 생각이나 느낌을 나타낼 때 쓰는 표현입니다.

我觉得，这件事情应该找老师解决。　이 일은 선생님을 찾아 해결해야 한다고 생각한다.
Wǒ juéde, zhè jiàn shìqing yīnggāi zhǎo lǎoshī jiějué.

你妈妈觉得你们两个不合适。　　네 어머니가 너희 둘이 안 어울린다고 생각한다.
Nǐ māma juéde nǐmen liǎng ge bù héshì.

단어 解决 jiějué 통 해결하다 | 合适 héshì 형 어울리다, 적합하다, 알맞다

확인 문제

단어를 조합해 완성된 문장을 만들어 보세요.

解决　　这件事情　　我觉得　　找老师　　应该

➡ _____

이 일은 선생님을 찾아 해결해야 한다고 생각한다.

5분 체크 어법

1 제시된 단어가 들어갈 알맞은 위치를 고르세요.

❶ 他 A 弟弟的 B 书 C 拿走 D 了。(把)
그는 동생의 책을 가지고 갔다.

❷ A 有事儿的话 B 你 C 找 D 我吧。(随时)
일이 있으면 언제든지 나를 찾아와.

2 다음 제시된 문장을 올바르게 고쳐 보세요.

❶ 他今天下午会给可能你打电话。
그는 오늘 오후에 아마도 너에게 전화할 것이다.

➡ _____

❷ 遇到困难，即使我们也不放弃。
설령 어려움에 부딪칠지라도 우리는 포기하지 않는다.

➡ _____

정답 확인

1 ① A　② C
2 ① 他今天下午可能会给你打电话。　② 即使遇到困难，我们也不放弃。

독해 훈련 2 본문 읽어 보기

🎧 Track 04-2 느린 버전 빠른 버전

中国人说了"干杯"就一定要把酒喝完。如果你没把酒喝光，中国人可能会问你，"你要在酒杯里养鱼吗？"而且他们会随时给你倒酒，不管酒杯是不是空的。即使有长辈在，他们也不会转过头喝酒，直接面对面喝就行。他们觉得，转过头喝酒就是不喜欢喝，是不礼貌的表现。

1 다음 질문에 알맞은 답을 고르세요.

① 中国人说了"干杯"，就一定怎么做？
　A 养鱼　　B 把酒喝完　　C 不喝　　D 给别人

② 长辈在的时候，中国人怎么喝酒？
　A 不太喝　　B 安静地喝　　C 转过头喝　　D 面对面喝

③ 下列选项和课文内容一致的是哪一个？
　A 中国人不喜欢干杯　　B 中国人喜欢养鱼
　C 中国人不给别人倒酒　　D 转过头喝酒在中国是不礼貌的表现

2 <보기>를 보고 빈칸에 알맞은 단어를 골라 써 보세요.

보기	随时　干杯　表现　即使　酒杯

① 中国人说了"_____"就一定要把酒喝完。
중국인들은 '건배'라고 말하면 반드시 술을 다 마시려고 한다.

② 中国人可能会问你，"你要在_____里养鱼吗？"
중국인은 아마 당신에게 (이렇게) 질문할 것이다. '술잔에 물고기를 키우실 건가요?'

③ 他们会_____给你倒酒，不管酒杯是不是空的。
그들은 술잔이 비었든 아니든 상관없이 수시로 당신에게 술을 따를 것이다.

❹ _____有长辈在，他们也不会转过头喝酒。
설령 어른(윗사람)이 있어도, 그들은 고개를 돌리지 않고 술을 마신다.

❺ 转过头喝酒就是不喜欢喝，是不礼貌的_____。
고개를 돌려 술을 마시는 것이 (술을) 마시고 싶지 않은 것이라며, 예의 없는 행동이라 생각한다.

3 다음 제시된 문장을 읽고, 앞에 지문과 다른 내용을 올바르게 고쳐 보세요.

❶ 中国人说了"干杯"就在酒杯里养鱼。
중국인들은 '건배'라고 말하면 술잔에 물고기를 키운다.

➜ _____

❷ 中国人不常常给别人倒酒。
중국인들은 다른 사람에게 술을 따라 주지 않는다.

➜ _____

❸ 有长辈在的时候，中国人会转过头喝酒。
어른(윗사람)이 있을 때, 중국인들은 고개를 돌려서 술을 마실 것이다.

➜ _____

📖 더 알아보자, 중국 문화!

술에 담긴 중국 문화

중국에는 '感情深，一口闷。(Gǎnqíng shēn, yì kǒu mēn.)'이라는 말이 있는데 '정이 깊으면 한 잔의 술을 한 번에 쭉 들이킨다'라는 의미로 술자리에서 상대에게 술을 권할 때 많이 쓰는 표현입니다. 술을 마시면서 서로 마음속 이야기를 나누거나 정을 쌓을 수 있어서, 음주 문화는 중국인들의 삶에서 빼놓을 수 없는 중요한 문화입니다.

중국인이 가장 선호하는 술은 고량주(高粱酒, gāoliáng jiǔ)로 도수가 보통 38도나, 52도이며 약한 것이라 하더라도 28도나 되니 우리나라 술에 비해서는 도수가 상당히 높다고 할 수 있습니다. 하지만 중국인들은 도수가 높아도 '好酒不上头。(Hǎo jiǔ bú shàngtóu. 좋은 술이면 마신 후 머리가 아프지 않다.)'라고 생각합니다.

중국인들은 술자리에서 서로 술을 주고받는 것을 좋아합니다. 연장자나 직위가 높은 사람에게 '我敬您一杯。(Wǒ jìng nín yì bēi. 제가 한 잔 올리겠습니다.)'라고 말하며 술을 따르고, 만약에 술을 못 마신다면 '我不会喝酒。(Wǒ bú huì hējiǔ. 나는 술을 못합니다.)' 또는 '我喝不了酒。(Wǒ hē bu liǎo jiǔ. 나는 술을 마실 수 없습니다.)'라고 말하면 됩니다.

해석 및 정답 정답 확인하기

지문 해석

中国人说了"干杯"就一定要把酒喝完。如果你没把酒喝光，中国人可能会问你，"你要在酒杯里养鱼吗？"而且他们会随时给你倒酒，不管酒杯是不是空的。即使有长辈在，他们也不会转过头喝酒，直接面对面喝就行。他们觉得，转过头喝酒就是不喜欢喝，是不礼貌的表现。

중국인들은 '건배'라고 말하면 반드시 술을 다 마시려고 한다. 만약 당신이 술을 다 마시지 않는다면, 중국인은 아마 당신에게 (이렇게) 질문할 것이다. '술잔에 물고기를 키우실 건가요?' 그리고 그들은 술잔이 비었든 아니든 상관없이 수시로 당신에게 술을 따를 것이다. 설령 어른(윗사람)이 있어도, 그들은 고개를 돌리지 않고 술을 마시며, 직접 마주 보고 마시면 된다. 그들은 고개를 돌려 술을 마시는 것이 (술을) 마시고 싶지 않은 것이라며, 예의없는 행동이라고 생각한다.

1번 문제 해석

① 中国人说了"干杯"，就一定怎么做?
    A 养鱼　　B 把酒喝完
    C 不喝　　D 给别人

② 长辈在的时候，中国人怎么喝酒?
    A 不太喝　　B 安静地喝
    C 转过头喝　　D 面对面喝

③ 下列选项和课文内容一致的是哪一个?
    A 中国人不喜欢干杯
    B 中国人喜欢养鱼
    C 中国人不给别人倒酒
    D 转过头喝酒在中国是不礼貌的表现

① 중국인들은 '건배'라고 하면 반드시 어떻게 하는가?
    A 물고기를 키운다　　B 술을 다 마신다
    C 마시지 않는다　　D 다른 사람에게 준다

② 어른(윗사람)이 있을 때, 중국인들은 어떻게 술을 마시는가?
    A 그다지 마시지 않는다　B 조용하게 마신다
    C 고개를 돌려서 마신다　D 마주 보고 마신다

③ 본문에 근거하여, 아래 보기 중 옳은 것은?
    A 중국인들은 건배하는 것을 좋아하지 않는다
    B 중국인들은 물고기 키우는 것을 좋아한다
    C 중국인들은 다른 사람에게 술을 따르지 않는다
    D 고개를 돌려서 술을 마시는 것은 중국에서 예의 없는 행동이다

정답

1　① B　② D　③ D

2　① 干杯　② 酒杯　③ 随时　④ 即使　⑤ 表现

3　① 中国人说了"干杯"就一定要把酒喝完。
   ② 中国人会随时给别人倒酒。
   ③ 即使有长辈在，中国人也不会转过头喝酒。

Chapter 05 휴대 전화가 없는 삶은 상상할 수 없어

학습 목표

- 随着, 越来越, 其中, 可以, 在……上, 连……也……의 용법을 이해할 수 있다.
- 중국의 휴대 전화 활용 범위에 대해 알 수 있다.

확인 테스트 다음 제시된 문장을 우리말로 해석해 보세요.

❶ 我们可以用手机付钱，还能点外卖。

✓ 해석하기 _____

✓ 모르는 단어 써 보기 _____

❷ 我们还可以在手机上买东西。

✓ 해석하기 _____

✓ 모르는 단어 써 보기 _____

❸ 如果你没有手机，可能连水也买不了。

✓ 해석하기 _____

✓ 모르는 단어 써 보기 _____

정답 확인
❶ 우리는 휴대 전화로 돈을 지불할 수 있을 뿐만 아니라, 배달도 시킬 수 있다.
❷ 우리는 휴대 전화로 물건을 살 수도 있다.
❸ 만약에 휴대 전화가 없으면, 아마 생수조차도 살 수가 없을 것이다.

단어 — 단어 공부하기

Track 05-1

단어	병음	의미
科技	kējì	명 과학 기술
发展	fāzhǎn	동 발전하다
生活	shēnghuó	명 생활
方便	fāngbiàn	형 편리하다
其中	qízhōng	명 그중, 그 가운데
带给	dài gěi	가져다주다
付钱	fù qián	돈을 내다, 지불하다
美食店	měishí diàn	맛집
外卖	wàimài	명 테이크아웃 식품 동 테이크아웃을 하다
看病	kànbìng	동 진료를 받다
纸币	zhǐbì	명 지폐

📖 독해 훈련 1 　 문장 분석하기

1　随着科技的发展，我们的生活也越来越方便了。
Suízhe kējì de fāzhǎn, wǒmen de shēnghuó yě yuèláiyuè fāngbiàn le.
과학 기술이 발전함에 따라, 우리의 삶도 갈수록 편리해졌다.

🔍 '随着'는 '~함에 따라'라는 의미로 자주 '越来越'와 호응되어 어떠한 상황이 변화함을 나타냅니다.

　　随着天气变暖，花也都开了。　　날씨가 따뜻해짐에 따라, 꽃도 다 피었다.
　　Suízhe tiānqì biàn nuǎn, huā yě dōu kāi le.

🔍 '越来越'는 '갈수록 ~해지다', '점점'이라는 의미로 보통 형용사나 심리를 나타내는 동사와 호응되어 사용합니다.

　　随着时间的流逝，孩子们也越来越高了。
　　Suízhe shíjiān de liúshì, háizimen yě yuèláiyuè gāo le.
　　시간이 흘러감에 따라, 아이들도 점점 키가 커졌다.

> **단어**　暖 nuǎn ⑱ 따뜻하다 | 流逝 liúshì ⑧ 유수처럼 빨리 사라지다

> **확인 문제**
> 단어를 조합해 완성된 문장을 만들어 보세요.
> 花　　　天气　　　都开了　　　变暖　　　随着　　　也
> ➡ _____
> 날씨가 따뜻해짐에 따라, 꽃도 다 피었다.

2　其中，带给我们最大方便的是手机。
Qízhōng, dàigěi wǒmen zuì dà fāngbiàn de shì shǒujī.
그중, 우리에게 가장 큰 편리함을 가져다준 것은 휴대 전화이다.

🔍 '其中'은 '그중에서', '그 가운데', '그 안에서'라는 의미로 범위가 정해져 있는 여러 가지 가운데 하나를 소개할 때 쓰는 표현입니다.

　　中国有很多河，其中长江是最长。
　　Zhōngguó yǒu hěn duō hé, qízhōng Chángjiāng shì zuì cháng.
　　중국에는 많은 강이 있는데, 양쯔강(장강)이 그중에서 가장 길다.

弟弟很喜欢动物，其中他最喜欢恐龙。
Dìdi hěn xǐhuan dòngwù, qízhōng tā zuì xǐhuan kǒnglóng.
남동생은 동물을 매우 좋아하는데, 그중에서 그는 공룡을 가장 좋아한다.

단어 长江 Chángjiāng (지명) 양쯔장, 장강 | 恐龙 kǒnglóng (명) 공룡

확인 문제

단어를 조합해 완성된 문장을 만들어 보세요.

很多河　　中国　　有　　是　　其中　　长江　　最长

➡ _____

중국에는 많은 강이 있는데, 양쯔강(장강)이 그중에서 가장 길다.

3

我们可以用手机付钱，找美食店，还能点外卖。
Wǒmen kěyǐ yòng shǒujī fù qián, zhǎo měishí diàn, hái néng diǎn wàimài.
우리는 휴대 전화로 돈을 지불할 수 있을 뿐만 아니라, 맛집을 찾을 수 있고, 배달도 시킬 수 있다.

🔍 '可以'는 조동사로, '~할 수 있다'라는 능력을 나타내거나, '~해도 된다'라는 허가를 나타낼 때 쓰는 표현입니다.

在商店里，我们可以买到很多东西。　　상점에서 우리는 많은 물건을 살 수 있다.
Zài shāngdiàn li, wǒmen kěyǐ mǎidào hěn duō dōngxi.

你可以去咨询一下专家。　　너는 전문가에게 가서 상담을 받을 수 있다.
Nǐ kěyǐ qù zīxún yíxià zhuānjiā.

단어 咨询 zīxún (동) 상담하다, 자문하다 | 专家 zhuānjiā (명) 전문가

확인 문제

단어를 조합해 완성된 문장을 만들어 보세요.

我们　　在商店里　　很多　　可以　　东西　　买到

➡ _____

상점에서 우리는 많은 물건을 살 수 있다.

4 还可以在手机上买东西，用手机坐车，甚至还在手机上看病。
Hái kěyǐ zài shǒujī shang mǎi dōngxi, yòng shǒujī zuò chē, shènzhì hái zài shǒujī shang kànbìng.
또 휴대 전화로 물건을 살 수 있고, 차를 타고, 심지어 휴대 전화로 진찰을 받을 수도 있다.

🔍 '在……上'은 '~에서'라는 의미로 어떠한 방면이나 분야를 나타낼 때 쓰는 표현입니다.

我们在网上还可以看电影。　　　우리는 인터넷에서 영화도 볼 수 있다.
Wǒmen zài wǎngshang hái kěyǐ kàn diànyǐng.

学生们可以在电脑上上课。　　　학생들은 컴퓨터상에서 수업을 받을 수 있다.
Xuéshengmen kěyǐ zài diànnǎo shang shàngkè.

> **단어** 电影 diànyǐng 몡 영화 | 电脑 diànnǎo 몡 컴퓨터

확인 문제

단어를 조합해 완성된 문장을 만들어 보세요.

| 看电影 | 网 | 在 | 还可以 | 我们 | 上 |

➡ _____

우리는 인터넷에서 영화도 볼 수 있다.

---

5 现在连商店也不经常用纸币了，如果你没有手机，可能连水也买不了。
Xiànzài lián shāngdiàn yě bù jīngcháng yòng zhǐbì le, rúguǒ nǐ méiyǒu shǒujī, kěnéng lián shuǐ yě mǎi bu liǎo.
이제는 상점에서 조차도 지폐를 자주 사용하지 않아서, 만약 당신이 휴대 전화를 가지고 있지 않다면, 아마 생수조차도 살 수 없을 것이다.

🔍 '连……也(都)'는 '~조차도 ~하다'라는 의미로 어떠한 내용을 강조할 때 쓰는 표현입니다. '连'과 '也(都)' 사이에는 명사, 동사, 절 혹은 수량구가 호응되고, 수사는 '一'만 사용할 수 있습니다.

他连妈妈的生日也不知道。　　　그는 어머니의 생일조차 모른다.
Tā lián māma de shēngrì yě bù zhīdào.

我现在连一分钱也没有。　　　나는 지금 돈이 한 푼도 없다.
Wǒ xiànzài lián yì fēn qián yě méiyǒu.

단어 分 fēn ⑱ 펀(중국의 화폐 단위, 1위안의 100분의 1) | 钱 qián ⑲ 돈

확인 문제

단어를 조합해 완성된 문장을 만들어 보세요.

不知道　　他　　妈妈的　　连　　生日　　也

➡ _____

그는 어머니의 생일조차 모른다.

✎ 5분 체크 어법

1 제시된 단어가 들어갈 알맞은 위치를 고르세요.

❶ A 时间的流逝 B 孩子们也 C 越来越 D 高了。（随着）
시간이 흘러감에 따라 아이들도 점점 키가 커졌다.

❷ 学生们 A 可以 B 电脑上 C 上课 D。（在）
학생들은 컴퓨터상에서 수업을 받을 수 있다.

2 다음 제시된 문장을 올바르게 고쳐 보세요.

❶ 弟弟很喜欢动物，他最喜欢恐龙其中。
남동생은 동물을 매우 좋아하는데, 그중에서 그는 공룡을 가장 좋아한다.

➡ _____

❷ 我现在连也一分钱没有。
나는 지금 돈이 한 푼도 없다.

➡ _____

정답 확인

1 ❶ A ❷ B
2 ❶ 弟弟很喜欢动物，其中他最喜欢恐龙。　❷ 我现在连一分钱也没有。

독해 훈련 2 본문 읽어 보기

🎧 Track 05-2 느린 버전 빠른 버전

> 随着科技的发展，我们的生活也越来越方便了。其中，带给我们最大方便的是手机。我们可以用手机付钱，找美食店，还能点外卖。还可以在手机上买东西，用手机坐车，甚至还在手机上看病。现在连商店也不经常用纸币了，如果你没有手机，可能连水也买不了。

1 다음 질문에 알맞은 답을 고르세요.

❶ 随着科技的发展，我们的生活有什么变化？
　A 方便了　　B 有钱了　　C 人多了　　D 买车了

❷ 带给我们最大方便的是什么？
　A 飞机　　B 火车　　C 公交车　　D 手机

❸ 下列选项和课文内容一致的是哪一个？
　A 我们不能用手机付钱　　B 必须用手机买水
　C 没有手机什么也不能做　　D 现在连商店也不经常用纸币了

2 <보기>를 보고 빈칸에 알맞은 단어를 골라 써 보세요.

| 보기 | 美食店　越来越　甚至　连……也　其中 |

❶ 随着科技的发展，我们的生活也_____方便了。
　과학 기술이 발전함에 따라, 우리의 삶도 갈수록 편리해졌다.

❷ _____，带给我们最大方便的是手机。
　그중, 우리에게 가장 큰 편리함을 가져다준 것은 휴대 전화이다.

❸ 我们可以用手机付钱，找_____，还能点外卖。
　우리는 휴대 전화로 돈을 지불할 수 있을 뿐만 아니라, 맛집을 찾을 수 있고, 배달도 시킬 수 있다.

❹ 还可以在手机上买东西，用手机坐车，_____还在手机上看病。
또 휴대 전화로 물건을 살 수있고, 차를 타고, 심지어 휴대 전화로 진찰을 받을 수도 있다.

❺ 如果你没有手机，可能_____水_____买不了。
만약에 당신이 휴대 전화를 가지고 있지 않다면, 아마 생수조차도 살 수가 없을 것이다.

3 다음 제시된 문장을 읽고, 앞에 지문과 다른 내용을 올바르게 고쳐 보세요.

❶ 随着科技的发展，我们的生活越来越复杂了。
과학 기술이 발전함에 따라, 우리의 삶은 갈수록 복잡해지고 있다.

➡ _____

❷ 我们不能用手机付钱，但是可以用手机坐车。
우리는 휴대 전화로 돈을 지불할 수 없지만, 휴대 전화로 버스는 탈 수는 있다.

➡ _____

❸ 现在商店里都不用纸币。
지금 모든 상점에서 지폐를 사용하지 않는다.

➡ _____

더 알아보자, 중국 문화!

현금을 잘 안 쓰는 중국인

중국에서는 휴대 전화만 있으면 어디에서나 전자 결제를 이용하여 결제할 수 있습니다. 젊은 사람들은 물론 기성세대까지 모두 알리 페이, 위챗 페이 등의 지불 방식을 사용하고 있어서 '微信还是支付宝？(Wēixìn háishi Zhīfùbǎo? 위챗 페이로 하세요, 아니면 알리 페이로 하세요?)'라는 말을 자주 들을 수 있습니다.

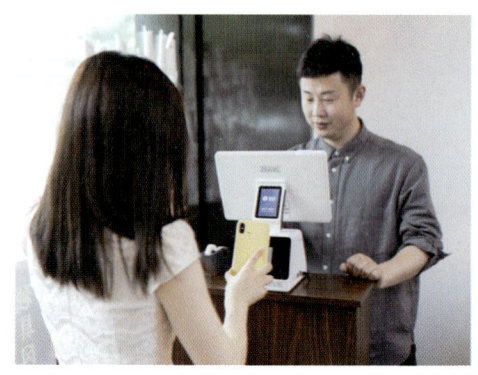

식당과 상점은 물론 시장이나 노점에서 물건을 살 때도 현금보다 전자 결제가 더 인기가 많습니다. 결제할 때 주인이 QR 코드를 보여주면서 큰 소리로 '扫码(sǎo mǎ)'라고 말해 주는데, 바로 'QR 코드를 스캔하라'는 의미입니다. 결제 후, '转过去了。(Zhuǎn guòqu le. 이체해 드렸어요.)'라고 말하면 됩니다.

간혹 유료 주차장 등 현금만 받는 곳도 있는데, 거기에는 '我们只收现金。(Wǒmen zhǐ shōu xiànjīn. 우리는 현금만 받는다.)'라고 쓰여 있습니다. 이런 상황을 대비하여 현금도 함께 준비하면 더 좋습니다.

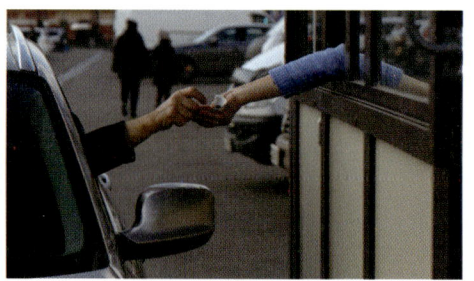

해석 및 정답 정답 확인하기

지문 해석

随着科技的发展，我们的生活也越来越方便了。其中，带给我们最大方便的是手机。我们可以用手机付钱，找美食店，还能点外卖。还可以在手机上买东西，用手机坐车，甚至还在手机上看病。现在连商店也不经常用纸币了，如果你没有手机，可能连水也买不了。

과학 기술이 발전함에 따라, 우리의 삶도 갈수록 편리해졌다. 그중, 우리에게 가장 큰 편리함을 가져다준 것은 휴대 전화이다. 우리는 휴대 전화로 돈을 지불할 수 있을 뿐만 아니라, 맛집을 찾을 수 있고, 배달도 시킬 수 있다. 또 휴대 전화로 물건을 살 수 있고, 차를 타고, 심지어 휴대 전화로 진찰을 받을 수도 있다. 이제는 상점에서 조차도 지폐를 자주 사용하지 않아서, 만약 당신이 휴대 전화를 가지고 있지 않다면, 아마 생수조차도 살 수가 없을 것이다.

1번 문제 해석

① 随着科技的发展，我们的生活有什么变化?
　A 方便了　　B 有钱了
　C 人多了　　D 买车了

② 带给我们最大方便的是什么?
　A 飞机　B 火车　C 公交车　D 手机

③ 下列选项和课文内容一致的是哪一个?
　A 我们不能用手机付钱
　B 必须用手机买水
　C 没有手机什么也不能做
　D 现在连商店也不经常用纸币了

① 과학 기술이 발전함에 따라, 우리의 삶에는 어떠한 변화가 있는가?
　A 편리해졌다　　B 돈이 생겼다
　C 사람이 많아졌다　D 차를 샀다

② 우리에게 가장 큰 편리함을 가져다준 것은 무엇인가?
　A 비행기　B 기차　C 버스　D 휴대 전화

③ 본문에 근거하여, 아래 보기 중 옳은 것은?
　A 우리는 휴대 전화로 돈을 낼 수 없다
　B 반드시 휴대 전화로 물을 사야 한다
　C 휴대 전화가 없으면 아무것도 할 수 없다
　D 이제는 상점에서 조차도 지폐를 자주 사용하지 않는다

정답

1　①A　②D　③D

2　①越来越　②其中　③美食店　④甚至　⑤连, 也

3　①随着科技的发展，我们的生活越来越方便了。
　②我们能用手机付钱。
　③现在商店也不经常用纸币。

Chapter 06 가족 곁에 있어야 진정한 설이지

학습 목표

- 最, 因为……所以……, 被, 和, 只有……才……의 용법을 이해할 수 있다.
- 중국의 춘절 귀성 풍경에 대해 알 수 있다.

확인 테스트
다음 제시된 문장을 우리말로 해석해 보세요.

❶ 春节是中国最重要的节日。

✓ 해석하기 _____

✓ 모르는 단어 써 보기 _____

❷ 中国的春节假期是一个星期。

✓ 해석하기 _____

✓ 모르는 단어 써 보기 _____

❸ 只有在家人身边，才是真正地过年！

✓ 해석하기 _____

✓ 모르는 단어 써 보기 _____

정답 확인
❶ 춘절은 중국에서 가장 중요한 명절이다.
❷ 중국의 설 연휴 기간은 일주일이다.
❸ 오직 가족 곁에 있어야만, 비로소 진정한 설을 쇠는 것이다!

단어 공부하기

단어	병음	의미
春节	Chūnjié	⑲ 춘절, 음력설
节日	jiérì	⑲ 명절, 기념일
假期	jiàqī	⑲ 휴가(기간)
其他	qítā	㉚ 다른, 기타
城市	chéngshì	⑲ 도시
足够	zúgòu	⑧ 충분하다, 족하다
期间	qījiān	⑲ 기간
春运	chūnyùn	⑲ 음력설 전후 기간의 여객·화물 수송
团圆	tuányuán	⑧ 흩어졌던 가족들이 다시 모이다
身边	shēnbiān	⑲ 곁, 신변
真正	zhēnzhèng	⑲ 진정한, 참된, 진짜의 ⑭ 진실로, 참으로, 정말로
过年	guònián	⑧ 설을 쇠다, 새해를 맞다

독해 훈련1 문장 분석하기

1

春节是中国最重要的节日，中国的春节假期是一个星期。
Chūnjié shì Zhōngguó zuì zhòngyào de jiérì, Zhōngguó de Chūnjié jiàqī shì yí ge xīngqī.

춘절은 중국에서 가장 중요한 명절이며, 중국의 설 연휴 기간은 일주일이다.

 최상급을 나타내는 '最'는 '가장', '제일'이라는 의미로 형용사나 동사 앞에 놓여 최고의 정도에 도달했음을 나타낼 때 쓰는 표현입니다.

这是我最喜欢的钱包。 이것은 내가 가장 좋아하는 지갑이다.
Zhè shì wǒ zuì xǐhuan de qiánbāo.

我妈妈最喜欢吃火锅。 우리 어머니는 훠궈 먹는 것을 가장 좋아하신다.
Wǒ māma zuì xǐhuan chī huǒguō.

단어 钱包 qiánbāo 명 지갑 | 火锅 huǒguō 명 훠궈(중국식 샤브샤브)

확인 문제

단어를 조합해 완성된 문장을 만들어 보세요.

我   的   钱包   这是   最   喜欢

➡ _____

이것은 내가 가장 좋아하는 지갑이다.

2

因为中国太大了，很多人在其他城市工作，所以要有足够的时间才能回家。
Yīnwèi Zhōngguó tài dà le, hěn duō rén zài qítā chéngshì gōngzuò, suǒyǐ yào yǒu zúgòu de shíjiān cái néng huíjiā.

왜냐하면 중국이 너무 크고, 많은 사람들이 다른 도시에서 일을 하고 있기 때문에, 충분한 시간이 있어야만 고향으로 돌아갈 수 있다.

'因为……所以……'는 '~때문에 그래서 ~하다'라는 의미로 원인과 결과를 나타낼 때 사용하는 접속사입니다. '因为' 뒤에는 원인을 쓰고, '所以' 뒤에는 결과를 씁니다.

因为考试太难了，所以我没考好。
Yīnwèi kǎoshì tài nán le, suǒyǐ wǒ méi kǎohǎo.
시험이 너무 어려웠기 때문에, 그래서 나는 시험을 잘 못 봤다.

因为他很努力，所以他成绩很好。
Yīnwèi tā hěn nǔlì, suǒyǐ tā chéngjì hěn hǎo.
그가 열심히 했기 때문에, 그래서 그의 성적이 아주 좋다.

단어 难 nán ⑱ 어렵다 | 考 kǎo ⑧ 시험을 보다 | 成绩 chéngjì ⑲ 성적

확인 문제

단어를 조합해 완성된 문장을 만들어 보세요.

因为　　没考好　　所以　　考试　　我　　太难了

➡ _____

시험이 너무 어려웠기 때문에, 그래서 나는 시험을 잘 못 봤다.

3

春节期间，火车上，飞机上的人都非常多，这段时间被叫做春运。
Chūnjié qījiān, huǒchē shang, fēijī shang de rén dōu fēicháng duō, zhè duàn shíjiān bèi jiàozuò chūnyùn.
설 연휴 기간에는 기차에도, 비행기에도 사람이 매우 많아서, 이 기간은 '춘운'이라 불린다.

'被'자문은 주어가 '被' 뒤에 오는 동작의 주체에 의해 '~를 하게 되다'라는 피동의 의미를 나타냅니다. 어순은 '주어+被+(동작의 주체)+동사+기타성분'입니다. '被' 뒤의 동작의 주체는 생략할 수 있습니다.

他被老板批评了。　　　　　　　　　그는 사장님에게 꾸중을 들었다.
Tā bèi lǎobǎn pīpíng le.

她的包被别人拿走了。　　　　　　　그녀의 가방을 다른 사람이 가져갔다.
Tā de bāo bèi biérén názǒu le.

단어 老板 lǎobǎn ⑲ 사장 | 批评 pīpíng ⑧ 꾸중하다, 비평하다 | bāo ⑲ 가방

확인 문제

단어를 조합해 완성된 문장을 만들어 보세요.

批评　　被　　他　　老板　　了

➡ _____

그는 사장님에게 꾸중을 들었다.

4 即使人多路远，人们也要回家和家人团圆。
Jíshǐ rén duō lù yuǎn, rénmen yě yào huíjiā hé jiārén tuányuán.
설령 사람이 많고, 길이 멀다 하더라도, 사람들은 집으로 돌아가 가족과 함께 모이려 한다.

🔍 '和'는 '~와(과)'라는 의미의 개사로 동사 앞에 놓여 동작의 대상을 이끌어 낼 때 쓰는 표현입니다.

我最幸福的事情就是和你约会。
Wǒ zuì xìngfú de shìqing jiùshì hé nǐ yuēhuì.
나에게 가장 행복한 일은 바로 당신과 데이트하는 것이다.

爸爸喜欢和家人一起去旅行。　　아버지는 가족과 함께 여행가는 것을 좋아하신다.
Bàba xǐhuan hé jiārén yìqǐ qù lǚxíng.

단어 幸福 xìngfú 형 행복하다 | 约会 yuēhuì 명 데이트, 만날 약속 | 旅行 lǚxíng 명 여행

확인 문제
단어를 조합해 완성된 문장을 만들어 보세요.
我　　约会　　就是　　你　　最幸福的事情　　和
➡ _____
나에게 가장 행복한 일은 바로 당신과 데이트하는 것이다.

5 只有在家人身边，才是真正地过年！
Zhǐyǒu zài jiārén shēnbiān, cái shì zhēnzhèng de guònián!
오직 가족 곁에 있어야만, 비로소 진정한 설을 쇠는 것이다!

🔍 '只有……才……'는 '오직 ~해야, 비로소 ~하다'라는 의미를 가진 접속사로 어떠한 조건이 충족 되었을 경우 그에 따른 결과가 발생함을 나타낼 때 쓰는 표현입니다.

只有发工资的时候，他才最开心。
Zhǐyǒu fā gōngzī de shíhou, tā cái zuì kāixīn.
오직 월급을 받을 때가 되어야만, 그는 비로소 가장 기분이 좋다.

只有坐船，才能到那个小岛。
Zhǐyǒu zuò chuán, cái néng dào nàge xiǎo dǎo.
오직 배를 타야, 비로소 그 섬에 도착할 수 있다.

단어 发 fā 동 (급여, 상여금을) 받다, 주다 | 工资 gōngzī 명 급여, 임금 | 船 chuán 명 배, 선박 | 岛 dǎo 명 섬

확인 문제

단어를 조합해 완성된 문장을 만들어 보세요.

只有　　最开心　　才　　发工资　　他　　的时候

➡ _____

오직 월급을 받을 때가 되어야만, 그는 비로소 가장 기분이 좋다.

✏️ 5분 체크 어법

1 제시된 단어가 들어갈 알맞은 위치를 고르세요.

❶ A 我妈妈 B 喜欢 C 吃 D 火锅。(最)
우리 어머니는 훠궈 먹는 것을 가장 좋아하신다.

❷ 因为 A 他 B 很努力 C 他成绩 D 很好。(所以)
그가 열심히 했기 때문에, 그래서 그의 성적이 아주 좋다.

2 다음 제시된 문장을 올바르게 고쳐 보세요.

❶ 别人被她的包拿走了。
그녀의 가방을 다른 사람이 가져갔다.

➡ _____

❷ 爸爸喜欢家人一起和去旅行。
아버지는 가족과 함께 여행가는 것을 좋아하신다.

➡ _____

정답 확인

1 ① B　② C
2 ① 她的包被别人拿走了。　② 爸爸喜欢和家人一起去旅行。

독해 훈련 2 본문 읽어 보기

🎧 Track 06-2 느린 버전 빠른 버전

> 春节是中国最重要的节日，中国的春节假期是一个星期。因为中国太大了，很多人在其他城市工作，所以要有足够的时间才能回家。春节期间，火车上，飞机上的人都非常多，这段时间被叫做春运。即使人多路远，人们也要回家和家人团圆。只有在家人身边，才是真正地过年！

1 다음 질문에 알맞은 답을 고르세요.

① 中国的春节假期是多长时间？
  A 三天   B 七天   C 十四天   D 三十天

② 为什么中国人春节休息时间长？
  A 他们喜欢休息   B 中国太大了   C 冬天太冷了   D 人很少

③ 下列选项和课文内容一致的是哪一个？
  A 中国人不喜欢回家   B 春运时，火车上人非常多
  C 中国春节放假很短   D 春节回家很方便

2 <보기>를 보고 빈칸에 알맞은 단어를 골라 써 보세요.

> 보기　因为……所以……　只有……才……　重要　春运　期间

① 春节是中国最_____的节日。
춘절은 중국에서 가장 중요한 명절이다.

② _____中国太大了，很多人在其他城市工作，_____要有足够的时间才能回家。
왜냐하면 중국이 너무 크고, 많은 사람들이 다른 도시에서 일을 하고 있기 때문에, 충분한 시간이 있어야만 고향으로 돌아갈 수 있다.

❸ 春节_____，火车上，飞机上的人都非常多。
설 연휴 기간에는 기차에도, 비행기에도 사람이 매우 많다.

❹ 这段时间被叫做_____。
이 기간은 '춘운'이라 불린다.

❺ _____在家人身边，_____是真正地过年！
오직 가족 곁에 있어야만, 비로소 진정한 설을 쇠는 것이다!

3 다음 제시된 문장을 읽고, 앞에 지문과 다른 내용을 올바르게 고쳐 보세요.

❶ 中国的春节假期是两个星期。
중국의 설 연휴 기간은 2주이다.

➡ _____

❷ 春节期间，火车上人不太多。
설 연휴 기간에는 기차에 사람이 그다지 많지 않다.

➡ _____

❸ 离家路远的人，春节不回家。
집이 멀리 있는 사람들은 춘절에 집에 가지 않는다.

➡ _____

더 알아보자, 중국 문화!

중국의 춘절

중국의 춘절은 한국의 설과 같은 음력 1월 1일입니다. 중국에서 음력 12월 23일은 '小年(xiǎonián, 작은 설)'이라고 합니다. 이때부터 사람들이 설 준비를 시작하고 친척이나 친구의 집에 가서 새해 선물을 주고 받으며 새해 인사를 합니다. '新年快乐！恭喜发财！(Xīnnián kuàilè! Gōngxǐ fācái! 새해 복 많이 받으세요! 부자 되세요!)'와 같은 인사말을 자주 들을 수 있습니다.

중국에서 설은 새로운 해의 시작을 의미합니다. 때문에 행운과 기쁨을 상징하며 악귀를 쫓아낸다고 믿는 빨간색 옷을 입고 폭죽을 터트립니다. 그리고 맛있는 음식도 끝없이 먹습니다. 북방 지역에서는 정월 1월 1일과 5일에 만두를 먹고, 7일에 국수를 먹는 풍습이 있습니다. 남방 지역에서는 떡국을 먹기도 합니다.

섣달 그믐날에는 중국 CCTV 방송국에서 만드는 '春节联欢晚会(Chūnjié liánhuān wǎnhuì, 설 특별 공연)'를 보면서 만두를 빚습니다. 새해의 종소리를 칠 때 세배를 하는데 윗사람이 아랫사람에게 세뱃돈을 줍니다. 세뱃돈은 중국어로 '压岁钱(yāsuìqián)'이라고 합니다.

해석 및 정답 정답 확인하기

지문 해석

　　春节是中国最重要的节日，中国的春节假期是一个星期。因为中国太大了，很多人在其他城市工作，所以要有足够的时间才能回家。春节期间，火车上，飞机上的人都非常多，这段时间被叫做春运。即使人多路远，人们也要回家和家人团圆。只有在家人身边，才是真正地过年！

　　춘절은 중국에서 가장 중요한 명절이며, 중국의 설 연휴 기간은 일주일이다. 왜냐하면 중국이 너무 크고, 많은 사람들이 다른 도시에서 일을 하고 있기 때문에, 충분한 시간이 있어야만 고향으로 돌아갈 수 있다. 설 연휴 기간에는 기차에도, 비행기에도 사람이 매우 많아서, 이 기간은 '춘운'이라 불린다. 설령 사람이 많고, 길이 멀다 하더라도, 사람들은 집으로 돌아가 가족과 함께 모이려 한다. 오직 가족 곁에 있어야만, 비로소 진정한 설을 쇠는 것이다!

1번 문제 해석

① 中国的春节假期是多长时间?
　A 三天　B 七天　C 十四天　D 三十天

② 为什么中国人春节休息时间长?
　A 他们喜欢休息　B 中国太大了
　C 冬天太冷了　　D 人很少

③ 下列选项和课文内容一致的是哪一个?
　A 中国人不喜欢回家
　B 春运时，火车上人非常多
　C 中国春节放假很短
　D 春节回家很方便

① 중국의 설 연휴 기간은 며칠인가?
　A 3일　B 7일　C 14일　D 30일

② 중국인들은 왜 설 연휴를 길게 쉬는가?
　A 그들이 쉬는 것을 좋아해서
　B 중국이 너무 커서
　C 겨울이 너무 추워서
　D 사람이 매우 적어서

③ 보기 중에서 본문 내용과 일치하는 것은?
　A 중국인들은 집에 가는 것을 좋아하지 않는다
　B 춘운에는 기차에 사람이 매우 많다
　C 중국의 설 연휴 기간은 매우 짧다
　D 설에 집에 가는 것은 매우 편리하다

정답

1 ① B　② B　③ B
2 ① 重要　② 因为, 所以　③ 期间　④ 春运　⑤ 只有, 才
3 ① 中国的春节假期是一个星期。
　② 春节期间，火车上，飞机上的人都非常多。
　③ 即使人多路远，人们也要回家和家人团圆。

상하이까지 5시간이면 충분해

학습 목표

- 之一, 시량보어, 主要, 比起, A比B还……의 용법을 이해할 수 있다.
- 중국의 고속철도에 대해 알 수 있다.

확인 테스트   다음 제시된 문장을 우리말로 해석해 보세요.

❶ 高铁已经成为人们的主要交通方式之一。

✓ 해석하기 _____

✓ 모르는 단어 써 보기 _____

❷ 以前坐火车从北京到上海要坐一整天。

✓ 해석하기 _____

✓ 모르는 단어 써 보기 _____

❸ 比起去机场，坐高铁可以节省很多时间。

✓ 해석하기 _____

✓ 모르는 단어 써 보기 _____

정답 확인
❶ 고속철도는 이미 사람들의 주요 교통수단 중 하나가 되었다.
❷ 예전에는 베이징에서 상하이까지 하루 종일 기차를 타야 했다.
❸ 공항 가는 것에 비해서, 고속철도를 타는 것이 많은 시간을 절약할 수 있다.

단어 단어 공부하기   Track 07-1

단어	병음	의미
高铁	gāotiě	⑲ 고속철도
快速	kuàisù	⑱ 속도가 빠른, 쾌속의
成为	chéngwéi	⑧ ~이 되다
主要	zhǔyào	⑭ 주로 ⑱ 주요하다
交通	jiāotōng	⑲ 교통
方式	fāngshì	⑲ 방식
以前	yǐqián	⑲ 이전
小时	xiǎoshí	⑲ 시간
市中心	shì zhōngxīn	시 중심, 도심
车次	chēcì	⑲ 발차 횟수, 운행 순서
比起	bǐqǐ	~와 비교하면
节省	jiéshěng	⑧ 절약하다, 아끼다
票价	piào jià	티켓 요금, 푯값

독해 훈련 1 문장 분석하기

1
> 高铁在2000年以后快速地发展，现在已经成为人们的主要交通方式之一。
> Gāotiě zài èr líng líng líng nián yǐhòu kuàisù de fāzhǎn, xiànzài yǐjīng chéngwéi rénmen de zhǔyào jiāotōng fāngshì zhī yī.
> 고속철도는 2000년 이후 급속도로 발전해, 지금은 이미 사람들의 주요 교통수단 중 하나가 되었다.

 '之一'는 '~중의 하나'라는 의미로 주로 문장의 맨 끝에 위치합니다.

> 泰山是中国五大名山之一。 타이산은 중국의 5대 명산 중의 하나이다.
> Tàishān shì Zhōngguó wǔ dà míngshān zhī yī.

> 他是我最好的朋友之一。 그는 나의 가장 친한 친구 중의 한 명이다.
> Tā shì wǒ zuì hǎo de péngyou zhī yī.

단어 泰山 Tàishān (지명) 타이산, 태산 | 名山 míngshān (명) 유명한 산

확인 문제
단어를 조합해 완성된 문장을 만들어 보세요.
中国   之一   五大名山   泰山   是
➡ _____
타이산은 중국의 5대 명산 중의 하나이다.

2
> 以前坐火车从北京到上海要坐一整天，现在5个小时就能到了。
> Yǐqián zuò huǒchē cóng Běijīng dào Shànghǎi yào zuò yì zhěng tiān, xiànzài wǔ ge xiǎoshí jiù néng dào le.
> 예전에는 베이징에서 상하이까지 하루 종일 기차를 타야 했지만, 지금은 5시간이면 도착할 수 있다.

 시량보어는 동사 뒤에 놓여 어떤 동작이나 상태가 얼마 동안 지속되었는지를 나타낼 때 쓰는 표현입니다. '坐一整天'은 '하루 종일 탄다'라는 의미로 '坐 타다'라는 동작이 '一整天 하루 종일' 지속되었음을 표현한 것입니다.

> 星期日他要睡一整天。 일요일에 그는 하루 종일 자야 한다.
> Xīngqīrì tā yào shuì yì zhěng tiān.

他每天运动一个小时。   그는 매일 한 시간씩 운동한다.
Tā měi tiān yùndòng yí ge xiǎoshí.

단어 睡 shuì 동 (잠을) 자다 | 运动 yùndòng 동 운동하다

확인 문제

단어를 조합해 완성된 문장을 만들어 보세요.

睡　　　星期日　　　他　　　一整天　　　要

➡ _____

일요일에 그는 하루 종일 자야 한다.

3

高铁的车站主要在市中心，车次多，买票和等车都方便。
Gāotiě de chēzhàn zhǔyào zài shì zhōngxīn, chēcì duō, mǎi piào hé děng chē dōu fāngbiàn.
고속철도의 역은 주로 시 중심에 있고, 차 편수가 많아, 표를 사고 차를 기다리는 것이 모두 편리하다.

🔍 '主要'는 '주로', '대부분'이라는 의미의 부사로 술어 앞에 위치합니다.

小学主要培养学生的学习习惯。
Xiǎoxué zhǔyào péiyǎng xuésheng de xuéxí xíguàn.
초등학교에서는 주로 학생들의 학습 습관을 배양한다.

北方人的主食主要是大米。   북방 사람들의 주식은 주로 쌀이다.
Běifāng rén de zhǔshí zhǔyào shì dàmǐ.

단어 小学 xiǎoxué 명 초등학교 | 培养 péiyǎng 동 배양하다, 양성하다 | 习惯 xíguàn 명 습관, 버릇, 풍습 | 主食 zhǔshí 명 주식 | 大米 dàmǐ 명 쌀

확인 문제

단어를 조합해 완성된 문장을 만들어 보세요.

培养　　　学习习惯　　　小学　　　学生的　　　主要

➡ _____

초등학교에서는 주로 학생들의 학습 습관을 배양한다.

4 比起去机场，坐高铁可以节省很多时间。
Bǐ qǐ qù jīchǎng, zuò gāotiě kěyǐ jiéshěng hěn duō shíjiān.
공항 가는 것에 비해서, 고속철도를 타는 것이 많은 시간을 절약할 수 있다.

🔍 '比起'는 '~와 비교하다', '~보다는'이라는 의미로 '比起' 뒤에 비교할 대상을 씁니다. 비교한 결과의 차이가 크게 나는 것을 표현하기 위해 'A보다 더욱 B하다'라는 의미의 '比起A更B'를 써서 표현하기도 합니다.

比起去年，他的病已经好了很多。　　작년에 비해서, 그의 병은 많이 좋아졌다.
Bǐ qǐ qùnián, tā de bìng yǐjīng hǎo le hěn duō.

比起美国，中国的领土面积更大一些。　미국에 비해서, 중국의 영토 면적이 더 넓다.
Bǐ qǐ Měiguó, Zhōngguó de lǐngtǔ miànjī gèng dà yìxiē.

단어 去年 qùnián 명 작년 | 领土 lǐngtǔ 명 영토, 국토 | 面积 miànjī 명 면적

확인 문제

단어를 조합해 완성된 문장을 만들어 보세요.

去年　　比起　　已经　　很多　　好了　　他的病

➡ _____

작년에 비해서, 그의 병은 많이 좋아졌다.

---

5 高铁的票价有时候比机票还贵。
Gāotiě de piào jià yǒu shíhou bǐ jīpiào hái guì.
고속철도 승차권 가격이 비행기표보다 더 비쌀 때도 있다.

🔍 'A比B还……'는 A와 B를 비교한 결과 'A가 B보다 더 ~하다'라는 의미입니다. 비교문에서 주로 사용하는 표현으로 '还' 대신 '更'을 써서 표현하기도 합니다.

他比他哥哥还高呢。　　　　　그는 그의 형보다 더 키가 크다.
Tā bǐ tā gēge hái gāo ne.

他的车比房子还贵呢。　　　　그의 자동차는 집보다 더 비싸다.
Tā de chē bǐ fángzi hái guì ne.

단어 房子 fángzi 명 집 | 贵 guì 형 (값이) 비싸다

확인 문제

단어를 조합해 완성된 문장을 만들어 보세요.

还高　　他哥哥　　比　　他　　呢

➡ _____

그는 그의 형보다 더 키가 크다.

✏️ 5분 체크 어법

1 제시된 단어가 들어갈 알맞은 위치를 고르세요.

❶ 他 A 是 B 我 C 最好的朋友 D。(之一)
그는 나의 가장 친한 친구 중의 한 명이다.

❷ A 美国 B 中国的领土面积 C 更大 D 一些。(比起)
미국에 비해서, 중국의 영토 면적이 더 넓다.

2 다음 제시된 문장을 올바르게 고쳐 보세요.

❶ 他每天一个小时运动。
그는 매일 한 시간씩 운동한다.

➡ _____

❷ 北方人主要的主食是大米。
북방 사람들의 주식은 주로 쌀이다.

➡ _____

정답 확인

1 ❶ D　❷ A
2 ❶ 他每天运动一个小时。　❷ 北方人的主食主要是大米。

독해 훈련 2 본문 읽어 보기

🎧 Track 07-2   느린 버전   빠른 버전

> 高铁在2000年以后快速地发展，现在已经成为人们的主要交通方式之一。以前坐火车从北京到上海要坐一整天，现在5个小时就能到了。高铁的车站主要在市中心，车次多，买票和等车都方便。比起去机场，坐高铁可以节省很多时间。但高铁的票价有时候比机票还贵。

1 다음 질문에 알맞은 답을 고르세요.

① 中国人现在的主要交通方式是什么？
   A 马车   B 电脑   C 手机   D 高铁

② 高铁的火车站一般在哪里？
   A 商场   B 海边   C 市中心   D 公园

③ 下列选项和课文内容一致的是哪一个？
   A 高铁在1993年出现   B 高铁的票很便宜
   C 高铁的车次很多   D 坐高铁很不方便

2 <보기>를 보고 빈칸에 알맞은 단어를 골라 써 보세요.

| 보기 | 市中心   比起   票价   交通   一整天 |

① 高铁现在已经成为人们的主要_____方式之一。
고속철도는 지금 이미 사람들의 주요 교통수단 중 하나가 되었다.

② 以前坐火车从北京到上海要坐_____。
예전에는 베이징에서 상하이까지 하루 종일 기차를 타야 했다.

③ 高铁的车站主要在_____。
고속철도의 역은 주로 시 중심에 있다.

❹ _____ 去机场，坐高铁可以节省很多时间。
공항 가는 것에 비해서, 고속철도를 타는 것이 많은 시간을 절약할 수 있다.

❺ 但高铁的 _____ 有时候比机票还贵。
하지만 고속철도 승차권 가격이 비행기표보다 더 비쌀 때도 있다.

3 다음 제시된 문장을 읽고, 앞에 지문과 다른 내용을 올바르게 고쳐 보세요.

❶ 中国人不经常坐高铁。
중국인들은 고속철도를 자주 타지 않는다.
➔ _____

❷ 现在坐高铁从北京到上海需要12个小时。
지금은 베이징에서부터 상하이까지 고속철도를 12시간 타야 한다.
➔ _____

❸ 坐飞机比坐高铁还方便。
비행기 타는 것은 고속철도보다 더 편리하다.
➔ _____

더 알아보자, 중국 문화!

고속철도가 발달한 중국

고속철도는 중국에서 '高铁(gāotiě)'라고 합니다. 고속철도의 속도는 250~380km/h에 달합니다. 고속철도는 두 가지의 종류가 있는데, '高铁'와 '动车(dòngchē)'가 있습니다. 속도로 보았을 때 '动车'는 '高铁'보다 조금 느린 편입니다. 현재 중국 대부분의 도시에는 고속철도가 개통되어 있습니다.

중국에서는 한 사람당 기차표 한 장만 구매할 수 있습니다. 기차표를 구매하려면 기차역의 매표소에 가서 구매할 수도 있지만, 요즘은 거의 인터넷에서 기차표를 예매하고 환불합니다. '中国铁路官网(Zhōngguó Tiělù Guānwǎng, 중국 철도 공사 공식 웹사이트)'에서 예약할 수 있습니다. 만약 기차역에 가서 직접 구매하려면, 반드시 신분증을 가지고 가야 합니다.

고속철도는 일반적으로 '商务座(shāngwù zuò, 비즈니스석)'와 '特等座(tèděng zuò, 특급석)', '一等座(yī děng zuò, 일등석)', '二等座(èr děng zuò, 이등석)'가 있습니다. 인터넷에서 표를 예약한 후, 기차역의 무인 차표 출력 기계에서 출력하여 기차에 탑승하면 됩니다.

해석 및 정답 정답 확인하기

지문 해석

　　高铁在2000年以后快速地发展，现在已经成为人们的主要交通方式之一。以前坐火车从北京到上海要坐一整天，现在5个小时就能到了。高铁的车站主要在市中心，车次多，买票和等车都方便。比起去机场，坐高铁可以节省很多时间。但高铁的票价有时候比机票还贵。

　　고속철도는 2000년 이후 급속도로 발전해, 지금은 이미 사람들의 주요 교통수단 중 하나가 되었다. 예전에는 베이징에서 상하이까지 하루 종일 기차를 타야 했지만, 지금은 5시간이면 도착할 수 있다. 고속철도의 역은 주로 시 중심에 있고, 차 편수가 많아, 표를 사고 차를 기다리는 것이 모두 편리하다. 공항 가는 것에 비해서, 고속철도를 타는 것이 많은 시간을 절약할 수 있다. 하지만 고속철도 승차권 가격이 비행기 표보다 더 비쌀 때도 있다.

1번 문제 해석

① 中国人现在的主要交通方式是什么?
　　A 马车　B 电脑　C 手机　　D 高铁

② 高铁的火车站一般在哪里?
　　A 商场　B 海边　C 市中心　D 公园

③ 下列选项和课文内容一致的是哪一个?
　　A 高铁在1993年出现
　　B 高铁的票很便宜
　　C 高铁的车次很多
　　D 坐高铁很不方便

① 중국인들의 현재 주요 교통 수단은 무엇인가?
　　A 마차　B 컴퓨터　C 휴대 전화　D 고속철도

② 고속철도의 기차역은 보통 어디에 있는가?
　　A 쇼핑몰　B 해변　　C 시 중심　D 공원

③ 윗글에 근거하여, 아래 보기 중 옳은 것은?
　　A 고속철도는 1993년에 나타났다
　　B 고속철도의 승차권 가격은 매우 싸다
　　C 고속철도의 차 편수가 매우 많다
　　D 고속철도를 타는 것은 매우 불편하다

정답

1 ① D　② C　③ C

2 ① 交通　② 一整天　③ 市中心　④ 比起　⑤ 票价

3 ① 高铁已经成为中国人的主要交通方式之一。
　② 现在坐高铁从北京到上海5个小时就能到。
　③ 坐高铁比坐飞机方便。

Chapter 08 시간을 통일한 중국

학습 목표

- 从……到, 从……开始, 一些, 比如, 조동사 得, 因为……而……의 용법을 이해할 수 있다.
- 중국의 시차에 대해 알 수 있다.

확인 테스트
다음 제시된 문장을 우리말로 해석해 보세요.

❶ 从东到西有5个时区。

✓ 해석하기 _____

✓ 모르는 단어 써 보기 _____

❷ 从1974年开始统一使用北京时间。

✓ 해석하기 _____

✓ 모르는 단어 써 보기 _____

❸ 时差并不会因为时间的统一而消失啊。

✓ 해석하기 _____

✓ 모르는 단어 써 보기 _____

정답 확인
❶ 동쪽에서 서쪽까지 5개의 표준시간대가 있다.
❷ 1974년부터 베이징 시간으로 통일해서 사용하기 시작했다.
❸ 시차는 결코 시간을 통일한다고 사라지지 않는다.

단어 단어 공부하기

단어	병음	의미
国土	guótǔ	몡 국토
面积	miànjī	몡 면적
时区	shíqū	몡 시간대
东部	dōng bù	동부
统一	tǒngyī	동 통일하다 형 일치한, 통일된
使用	shǐyòng	동 사용하다
情况	qíngkuàng	몡 상황
高考	gāokǎo	몡 대학 입시
新疆	Xīnjiāng	지명 신장
天亮	tiān liàng	동 동이 트다, 날이 밝다
准备	zhǔnbèi	동 준비하다
时差	shíchā	몡 시차
消失	xiāoshī	동 사라지다, 없어지다

📖 독해 훈련 1 문장 분석하기

1
中国的国土面积很大，从东到西有5个时区。
Zhōngguó de guótǔ miànjī hěn dà, cóng dōng dào xī yǒu wǔ ge shíqū.
중국의 국토 면적은 매우 커서, 동쪽에서 서쪽까지 5개의 표준시간대가 있다.

🔍 '从……到'는 '~부터 ~까지'라는 의미를 가지고 있으며, 시간이나 공간적인 거리를 표현할 때 씁니다.

从公司到我家坐公交车要一个半小时。
Cóng gōngsī dào wǒ jiā zuò gōngjiāochē yào yí ge bàn xiǎoshí.
회사에서 우리 집까지 버스를 타면 1시간 반이 소요된다.

从我家到学校很远。　　　　　　우리 집에서 학교까지 매우 멀다.
Cóng wǒ jiā dào xuéxiào hěn yuǎn.

단어 公交车 gōngjiāochē 명 버스 | 要 yào 동 필요하다

확인 문제

단어를 조합해 완성된 문장을 만들어 보세요.

| 到我家 | 坐公交车 | 从公司 | 一个半小时 | 要 |

➡ _____

회사에서 우리 집까지 버스를 타면 1시간 반이 소요된다.

2
为了方便，从1974年开始统一使用北京时间。
Wèile fāngbiàn, cóng yī jiǔ qī sì nián kāishǐ tǒngyī shǐyòng Běijīng shíjiān.
편의를 위해서, 1974년부터 베이징 시간으로 통일해서 사용하기 시작했다.

🔍 '从……开始'는 '从'과 '开始' 사이에 시작점이 되는 시간 또는 대상을 써서, '~부터 시작하여'라는 의미를 나타냅니다.

妹妹从去年开始上大学了。　　　여동생은 작년부터 대학에 다니기 시작했다.
Mèimei cóng qùnián kāishǐ shàng dàxué le.

从下个月开始，我们每天9点上班。　다음 달부터 우리는 매일 9시에 출근한다.
Cóng xià ge yuè kāishǐ, wǒmen měi tiān jiǔ diǎn shàngbān.

> 단어 大学 dàxué 명 대학 | 上班 shàngbān 동 출근하다

확인 문제

단어를 조합해 완성된 문장을 만들어 보세요.

从   妹妹   去年   开始   了   上大学

➡ _____

여동생은 작년부터 대학에 다니기 시작했다.

3
也有一些不太方便的情况。
Yě yǒu yìxiē bú tài fāngbiàn de qíngkuàng.
불편한 경우들도 있다.

🔍 '一些'는 '약간', '조금'이라는 의미의 수량사로 수량이 적음을 나타낼 때 쓰는 표현입니다. '一些'에서 '一'는 생략이 가능합니다.

一些人喜欢早上早起，出去运动。
Yìxiē rén xǐhuan zǎoshang zǎo qǐ, chūqù yùndòng.
일부 사람들은 아침에 일찍 일어나 운동하러 나가는 것을 좋아한다.

他有一些小秘密，从来不和我说。
Tā yǒu yìxiē xiǎo mìmì, cónglái bù hé wǒ shuō.
그에게는 작은 비밀이 있는데, 여태껏 나에게 말한 적이 없다.

> 단어 秘密 mìmì 명 비밀

확인 문제

단어를 조합해 완성된 문장을 만들어 보세요.

喜欢   一些人   早上早起   运动   出去

➡ _____

일부 사람들은 아침에 일찍 일어나 운동하러 나가는 것을 좋아한다.

4 比如，高考那天，新疆的学生天还没亮就得准备考试了。
Bǐrú, gāokǎo nà tiān, Xīnjiāng de xuésheng tiān hái méi liàng jiù děi zhǔnbèi kǎoshì le.
예를 들면, 수능 시험날, 신장의 학생들은 날이 밝기도 전에 시험 준비를 해야 한다.

🔍 '比如'는 '예를 들어'라는 의미로 예시를 들어 설명할 때 쓰는 표현입니다.

人生有很多大事，比如结婚。　　인생에 큰 일이 많이 있는데, 예를 들면 결혼이 있다.
Rénshēng yǒu hěn duō dàshì, bǐrú jiéhūn.

🔍 '得'는 조동사로 술어 앞에 위치하여 '~해야 한다'라는 의미를 나타냅니다.

你别乱花钱，你得知道节省。　　함부로 돈을 쓰지 마라, 절약할 줄 알아야 한다.
Nǐ bié luàn huā qián, nǐ děi zhīdao jiéshěng.

> **단어** 人生 rénshēng 명 인생 | 结婚 jiéhūn 명 결혼 통 결혼하다 | 花钱 huā qián 돈을 쓰다 | 节省 jiéshěng 통 절약하다

확인 문제
단어를 조합해 완성된 문장을 만들어 보세요.
结婚　　有　　人生　　比如　　很多大事
➡ _____
인생에 큰 일이 많이 있는데, 예를 들면 결혼이 있다.

5 时差并不会因为时间的统一而消失啊。
Shíchà bìng bú huì yīnwèi shíjiān de tǒngyī ér xiāoshī a.
시차는 결코 시간을 통일한다고 사라지지 않는다.

🔍 '因为……而……'은 '~때문에 그래서 ~하다', '~했다고 해서 ~하다'라는 의미로 앞 절의 원인으로 이어진 결과를 나타낼 때 쓰는 표현입니다.

植物因为没有阳光而枯萎了。　　식물은 햇빛이 없어서 시들었다.
Zhíwù yīnwèi méiyǒu yángguāng ér kūwěi le.

他因为压力过大而生病了。　　그는 스트레스가 심해서 병이 났다.
Tā yīnwèi yālì guò dà ér shēngbìng le.

단어 植物 zhíwù 명 식물 | 阳光 yángguāng 명 햇빛, 양광 | 枯萎 kūwěi 동 시들다, 마르다 | 压力 yālì 명 스트레스, 압력

확인 문제

단어를 조합해 완성된 문장을 만들어 보세요.

枯萎了　　因为　　植物　　而　　没有阳光

➡ _____

식물은 햇빛이 없어서 시든다.

✎ 5분 체크 어법

1 제시된 단어가 들어갈 알맞은 위치를 고르세요.

❶ 从 A 我家 B 学校 C 很远 D。（到）
우리 집에서 학교까지 매우 멀다.

❷ A 下个月 B 开始 C 我们每天 D 9点上班。（从）
다음 달부터 우리는 매일 9시에 출근한다.

2 다음 제시된 문장을 올바르게 고쳐 보세요.

❶ 他一些有小秘密，从来不和我说。
그에게는 작은 비밀이 있는데, 여태껏 나에게 말한 적이 없다.

➡ _____

❷ 你别乱花钱，得你知道节省。
함부로 돈을 쓰지 마라, 절약할 줄 알아야 한다.

➡ _____

정답 확인

1 ① B　② A
2 ① 他有一些小秘密，从来不和我说。　② 你别乱花钱，你得知道节省。

독해 훈련 2 본문 읽어 보기

🎧 Track 08-2   느린 버전 빠른 버전

> 中国的国土面积很大，从东到西有5个时区。但是因为中国大部分人都住在中国东部，为了方便，从1974年开始统一使用北京时间。也有一些不太方便的情况。比如，高考那天，新疆的学生天还没亮就得准备考试了。时差并不会因为时间的统一而消失啊。

1 다음 질문에 알맞은 답을 고르세요.

① 中国从东到西有几个时区？
A 三个   B 四个   C 五个   D 六个

② 新疆的学生高考那天怎么准备考试？
A 天还没亮就准备考试   B 不考试
C 睡懒觉   D 用电脑考试

③ 下列选项和课文内容一致的是哪一个？
A 中国人大部分住在西部   B 中国从2000年开始统一使用北京时间
C 新疆的学生不高考   D 时差不会因为时间的统一而消失

2 <보기>를 보고 빈칸에 알맞은 단어를 골라 써 보세요.

보기   而   统一   时区   方便   考试

① 中国的国土面积很大，从东到西有5个_____。
중국의 국토 면적은 매우 커서, 동쪽에서 서쪽까지 5개의 표준시간대가 있다.

② 为了方便，从1974年开始_____使用北京时间。
편의를 위해서, 1974년부터 베이징 시간을 통일해서 사용하기 시작했다.

③ 也有一些不太_____的情况。
불편한 경우들도 있다.

❹ 高考那天，新疆的学生天还没亮就得准备_____了。
수능 시험날, 신장의 학생들은 날이 밝기도 전에 시험 준비를 해야 한다.

❺ 时差并不会因为时间的统一_____消失啊。
시차는 결코 시간을 통일한다고 사라지지 않는다.

3 다음 제시된 문장을 읽고, 앞에 지문과 다른 내용을 올바르게 고쳐 보세요.

❶ 中国大部分人住在西部。
중국 대부분의 사람들이 중국의 서부에 살고 있다.

➜ _____

❷ 中国的时间不统一。
중국의 시간은 통일적이지 않다.

➜ _____

❸ 高考那天，新疆的学生考试很晚。
수능 시험날에 신장의 학생들은 매우 늦게 시험을 본다.

➜ _____

📖 더 알아보자, 중국 문화!

아름다운 신장

중국의 신장은 서부 지역에 위치하고 있으며 위구르족 사람들이 거주하고 있습니다. 신장의 시간은 베이징보다 2시간 늦기 때문에, 해도 2시간 늦게 뜹니다. 따라서 신장 사람들의 '作息时间(zuòxī shíjiān, 생활 패턴)'은 다른 지역 사람들과 다릅니다.

신장은 아름다운 자연 풍경과 맛있는 과일로 유명합니다. 신장은 기후가 건조하고 낮과 밤의 온도 차이가 크기 때문에, 과일의 과당 함량이 다른 지역보다 높습니다. 특히 신장의 '哈密瓜(hāmìguā, 멜론)', '大枣(dàzǎo, 대추)', '葡萄(pútáo, 포도)' 등의 과일은 중국에서 가장 유명합니다.

춤과 노래를 좋아하는 위구르족 사람들은 낭만적인 민족입니다. 노래도 잘하고 춤도 잘 추는 것이 바로 신장 사람들의 특징입니다. 신장은 또한 중국에서 미남미녀가 많은 것으로 유명합니다. 따라서 '新疆出美女。(Xīnjiāng chū měinǚ. 신장에서 미녀들이 나온다.)'라는 말도 있습니다.

*신장 배우 迪丽热巴 (디리러바)

해석 및 정답 정답 확인하기

지문 해석

中国的国土面积很大，从东到西有5个时区。但是因为中国大部分人都住在中国东部，为了方便，从1974年开始统一使用北京时间。也有一些不太方便的情况。比如，高考那天，新疆的学生天还没亮就得准备考试了。时差并不会因为时间的统一而消失啊。

중국의 국토 면적은 매우 커서, 동쪽에서 서쪽까지 5개의 표준시간대가 있다. 하지만 중국 대부분 사람들이 모두 중국의 동부에 살고 있기 때문에, 편의를 위해서, 1974년부터 베이징 시간으로 통일해서 사용하기 시작했다. 불편한 경우들도 있다. 예를 들면, 수능 시험날, 신장의 학생들은 날이 밝기도 전에 시험 준비를 해야 한다. 시차는 결코 시간을 통일한다고 사라지지 않는다.

1번 문제 해석

① 中国从东到西有几个时区？
　A 三个　B 四个　C 五个　D 六个

② 新疆的学生高考那天怎么准备考试？
　A 天还没亮就准备考试
　B 不考试
　C 睡懒觉
　D 用电脑考试

③ 下列选项和课文内容一致的是哪一个？
　A 中国人大部分住在西部
　B 中国从2000年开始统一使用北京时间
　C 新疆的学生不高考
　D 时差不会因为时间的统一而消失

① 중국은 동쪽에서 서쪽까지 몇 개의 표준시간대가 있는가?
　A 세 개　B 네 개　C 다섯 개　D 여섯 개

② 신장의 학생들은 수능 시험날에 시험 준비를 어떻게 하는가?
　A 날이 밝기도 전에 시험 준비를 한다
　B 시험을 보지 않는다
　C 늦잠을 잔다
　D 컴퓨터로 시험을 본다

③ 윗글에 근거하여, 아래 보기 중 옳은 것은?
　A 중국인들은 대부분 서부 지역에서 산다
　B 중국은 2000년부터 베이징 시간을 통일해서 사용하기 시작했다
　C 신장의 학생들은 수능 시험을 보지 않는다
　D 시차는 시간을 통일한다고 사라지지 않는다

정답

1 ① C　② A　③ D

2 ① 时区　② 统一　③ 方便　④ 考试　⑤ 而

3 ① 中国大部分人都住在中国东部。
　② 中国从1974年开始统一使用北京时间。
　③ 高考那天，新疆的学生天还没亮就准备考试了。

Chapter 09 겨울에 꽃이 피는 하이난

학습 목표

- A和B相差……, 不用, 还是, 在……呢, 가능보어의 용법을 이해할 수 있다.
- 중국의 남북 기후 차이에 대해 알 수 있다.

확인 테스트
다음 제시된 문장을 우리말로 해석해 보세요.

❶ 哈尔滨和海南的冬天相差太大了。

✓ 해석하기 _____

✓ 모르는 단어 써 보기 _____

❷ 北方的冬天太冷，只有穿棉衣棉裤才能过冬。

✓ 해석하기 _____

✓ 모르는 단어 써 보기 _____

❸ 因为太热了，他们实在睡不着！

✓ 해석하기 _____

✓ 모르는 단어 써 보기 _____

정답 확인
❶ 하얼빈과 하이난의 겨울은 크게 차이가 난다.
❷ 북방의 겨울은 너무 추워서, 솜옷과 솜바지를 입어야만 겨울을 날 수 있다.
❸ 너무 더워서, 그들은 도저히 잠을 잘 수가 없기 때문이다!

단어 공부하기

단어	병음	의미
哈尔滨	Hā'ěrbīn	(지명) 하얼빈
海南	Hǎinán	(지명) 하이난
鲜花	xiānhuā	(명) 꽃, 생화
盛开	shèngkāi	(동) (꽃이) 활짝 피다
相差	xiāngchà	차이가 있다
棉衣	miányī	솜옷
棉裤	miánkù	솜바지
过冬	guòdōng	(동) 겨울을 나다
冰淇淋	bīngqílín	(명) 아이스크림
冰箱	bīngxiāng	(명) 냉장고
安全	ānquán	(형) 안전하다
逛	guàng	(동) 구경하며 돌아다니다
夜市	yèshì	(명) 야시장
实在	shízài	(부) 확실히, 정말

📖 독해 훈련 1 문장 분석하기

1

哈尔滨和海南的冬天相差太大了。
Hā'ěrbīn hé Hǎinán de dōngtiān xiāngchà tài dà le.
하얼빈과 하이난의 겨울은 크게 차이가 난다.

🔍 'A和B相差……'는 'A와 B는 서로 차이가 ~하다'라는 의미를 나타낼 때 쓰는 표현입니다.

他和他弟弟的性格相差很大。 그와 그의 남동생의 성격 차이는 매우 크다.
Tā hé tā dìdi de xìnggé xiāngchà hěn dà.

这本书和那本书的内容相差很大。 이 책과 그 책의 내용은 차이가 많이 난다.
Zhè běn shū hé nà běn shū de nèiróng xiāngchà hěn dà.

단어 内容 nèiróng 명 내용

확인 문제

단어를 조합해 완성된 문장을 만들어 보세요.

性格　　的　　和　　他弟弟　　相差很大　　他

➡ _____

그와 그의 남동생의 성격 차이는 매우 크다.

2

北方的冬天太冷，只有穿棉衣棉裤才能过冬，连冰淇淋也不用放在冰箱里。
Běifāng de dōngtiān tài lěng, zhǐyǒu chuān miányī miánkù cái néng guò dōng, lián bīngqílín yě búyòng fàngzài bīngxiāng li.
북방의 겨울은 너무 추워서, 솜옷과 솜바지를 입어야만 겨울을 날 수 있고, 아이스크림도 냉장고에 넣을 필요가 없다.

🔍 '不用'은 술어 앞에 놓여 '~할 필요 없다'라는 의미를 나타냅니다.

你不用跟我道歉，我没事儿。 너는 나에게 사과할 필요 없어, 나는 괜찮아.
Nǐ búyòng gēn wǒ dàoqiàn, wǒ méishìr.

今天不下雨，不用带雨伞。 오늘은 비가 오지 않으니, 우산을 가져갈 필요가 없다.
Jīntiān bú xiàyǔ, búyòng dài yǔsǎn.

道歉 dàoqiàn ⑧ 사과하다 | 雨伞 yǔsǎn ⑨ 우산

확인 문제

단어를 조합해 완성된 문장을 만들어 보세요.

跟　　你　　道歉　　我　　我没事儿　　不用

➡ _____

너는 나에게 사과할 필요 없어, 나는 괜찮아.

3　下雪天，路太滑了，还是不开车更安全。
　　Xiàxuě tiān, lù tài huá le, háishi bù kāi chē gèng ānquán.
　　눈이 오는 날에는 길이 너무 미끄러워서, 아무래도 운전하지 않는 것이 더 안전하다.

🔍 '还是'는 '아무래도 ~하는 편이 더 좋다'라는 의미의 부사로 일반적으로 권유나 청유의 의미를 나타내는 '吧'와 함께 호응하여 '还是……吧'의 형식으로 주로 쓰입니다.

你发烧了，还是吃点儿药吧。　　네가 열이 나니, 아무래도 약을 좀 먹는 것이 좋겠다.
Nǐ fāshāo le, háishi chī diǎnr yào ba.

我们还是坐车回家吧。　　우리 아무래도 차를 타고 집에 가는 것이 좋겠다.
Wǒmen háishi zuò chē huíjiā ba.

 发烧 fāshāo ⑧ 열이 나다

확인 문제

단어를 조합해 완성된 문장을 만들어 보세요.

吃点儿药　　发烧　　你　　了　　还是　　吧

➡ _____

네가 열이 나니, 아무래도 약을 좀 먹는 것이 좋겠다.

4 夏天，北方人睡觉的时候，海南人在逛夜市呢。
Xiàtiān, běifāng rén shuìjiào de shíhou, Hǎinán rén zài guàng yèshì ne.
여름에 북방 사람들이 잠을 잘 때 하이난 사람들은 야시장을 구경하고 있다.

🔍 '在……呢'는 '~하는 중이다'라는 의미로 동작의 진행을 나타냅니다. '在'는 동사 앞에 사용하고, '呢'는 문장 끝에 사용합니다. '正在……呢', '正……呢'의 형식으로도 동작의 진행을 나타낼 수 있는데, 문장 끝에 쓰인 어기조사 '呢'는 생략할 수 있습니다.

我给他打电话的时候，他在加班呢。　내가 그에게 전화했을 때, 그는 야근하는 중이었다.
Wǒ gěi tā dǎ diànhuà de shíhou, tā zài jiābān ne.

他生病了，现在在休息呢。　　　그는 아파서 지금 쉬고 있다.
Tā shēngbìng le, xiànzài zài xiūxi ne.

단어 加班 jiābān ⑧ 야근하다 | 生病 shēngbìng ⑧ 병이 나다

확인 문제
단어를 조합해 완성된 문장을 만들어 보세요.
他　　给他　　在加班呢　　打电话　　我　　的时候
➡ _____
내가 그에게 전화했을 때, 그는 야근하는 중이었다.

5 因为太热了，他们实在睡不着！
Yīnwèi tài rè le, tāmen shízài shuì bu zháo!
너무 더워서, 그들은 도저히 잠을 잘 수가 없기 때문이다!

🔍 가능보어는 동사 뒤에 놓여 동작의 실현 가능 여부를 나타내는 것으로, 긍정형은 '得'를 쓰고 부정형 '不'를 써서 '술어(동사)+ 得/不+결과보어/방향보어'의 형식으로 표현합니다.

你睡不着的时候，可以看看书。　당신은 잠이 안 올 때 책을 좀 봐도 된다.
Nǐ shuì bu zháo de shíhou, kěyǐ kànkan shū.

这么多菜，你吃得完吗？　　　이렇게 많은 요리를 너는 다 먹을 수 있겠니?
Zhème duō cài, nǐ chī de wán ma?

단어 菜 cài 몡 요리, 채소

확인 문제

단어를 조합해 완성된 문장을 만들어 보세요.

你　　的时候　　可以　　睡不着　　看看书

➡ _____

당신은 잠이 안 올 때 책을 좀 봐도 된다.

✏ 5분 체크 어법

1 제시된 단어가 들어갈 알맞은 위치를 고르세요.

❶ A 我们 B 坐车 C 回家吧 D。（还是）
우리 아무래도 차를 타고 집에 가는 것이 좋겠다.

❷ A 他生病了 B 现在 C 休息呢 D。（在）
그는 아파서 지금 쉬고 있다.

2 다음 제시된 문장을 올바르게 고쳐 보세요.

❶ 这么多菜，你吃完得吗？
이렇게 많은 요리를 너는 다 먹을 수 있겠니?

➡ _____

❷ 今天不下雨，用带雨伞。
오늘은 비가 오지 않으니, 우산을 가져갈 필요가 없다.

➡ _____

정답 확인

1 ①B ②C
2 ① 这么多菜，你吃得完吗？　② 今天不下雨，不用带雨伞。

독해 훈련 2 본문 읽어 보기

🎧 Track 09-2 느린 버전 빠른 버전

> 哈尔滨的冬天下大雪，海南的冬天鲜花盛开，哈尔滨和海南的冬天相差太大了。北方的冬天太冷，只有穿棉衣棉裤才能过冬，连冰淇淋也不用放在冰箱里。下雪天，路太滑了，还是不开车更安全。夏天，北方人睡觉的时候，海南人在逛夜市呢。因为太热了，他们实在睡不着！

1 다음 질문에 알맞은 답을 고르세요.

① 哈尔滨的冬天怎么样？
  A 暖和　　B 很热　　C 非常冷　　D 凉快

② 夏天，北方人睡觉的时候，海南人在做什么？
  A 学习　　B 上班　　C 逛夜市　　D 吃午饭

③ 下列选项和课文内容一致的是哪一个？
  A 哈尔滨的冬天鲜花盛开　　B 海南的冬天很冷
  C 海南人夏天不睡觉　　　　D 海南的夏天很热

2 <보기>를 보고 빈칸에 알맞은 단어를 골라 써 보세요.

| 보기 | 还是　过冬　睡不着　逛　相差 |

① 哈尔滨和海南的冬天_____太大了。
   하얼빈과 하이난의 겨울은 크게 차이가 난다.

② 北方的冬天太冷，只有穿棉衣棉裤才能_____。
   북방의 겨울은 너무 추워서, 솜옷과 솜바지를 입어야만 겨울을 날 수 있다.

③ 下雪天，路太滑了，_____不开车更安全。
   눈이 오는 날에는 길이 너무 미끄러워서, 아무래도 운전하지 않는 것이 더 안전하다.

❹ 夏天，北方人睡觉的时候，海南人在＿＿＿＿＿＿夜市呢。
여름에 북방사람들이 잠을 잘 때 하이난 사람들은 야시장을 구경하고 있다.

❺ 因为太热了，他们实在＿＿＿＿＿＿！
너무 더워서, 그들은 도저히 잠을 잘 수가 없기 때문이다!

3 다음 제시된 문장을 읽고, 앞에 지문과 다른 내용을 올바르게 고쳐 보세요.

❶ 海南的冬天下大雪。
하이난의 겨울은 눈이 많이 내린다.

➜ ＿＿＿＿＿＿＿＿＿＿＿＿＿＿＿＿＿＿＿＿＿＿＿＿＿＿＿＿＿＿

❷ 海南人只有穿棉衣棉裤才能过冬。
하이난 사람들은 솜옷과 솜바지를 입어야만 겨울을 날 수 있다.

➜ ＿＿＿＿＿＿＿＿＿＿＿＿＿＿＿＿＿＿＿＿＿＿＿＿＿＿＿＿＿＿

❸ 夏天，因为太热了，海南人很早就睡觉了。
여름에 날이 너무 더워서, 하이난 사람들은 빨리 잠을 잔다.

➜ ＿＿＿＿＿＿＿＿＿＿＿＿＿＿＿＿＿＿＿＿＿＿＿＿＿＿＿＿＿＿

더 알아보자, 중국 문화!

남과 북의 차이

중국은 남과 북의 거리가 멀기 때문에 기후뿐만 아니라 음식 문화, 성격에서도 큰 차이가 있습니다. 중국 북방 지역의 겨울은 평균 영하 20도이며, 헤이룽장성(黑龙江省)의 일부 지역은 영하 40도까지 내려갑니다. 남방 지역의 여름은 평균 40도이며, 충칭(重庆)과 난징(南京)은 기온이 44도까지도 올라갑니다.

남방 지역 사람들은 기후가 습하기 때문에 종종 매운 음식을 먹으며 몸에 있는 차가운 기운을 배출시킵니다. 우리가 알고 있는 것처럼 쓰촨과 후난 지역 사람들은 매운 음식을 즐겨 먹습니다. '四川人不怕辣，湖南人怕不辣。(Sìchuān rén bú pà là, Húnán rén pà bú là. 쓰촨 사람은 매운 것을 안 무서워하고, 후난 사람은 안 매운 것을 무서워한다.)'라는 말이 있을 정도입니다.

남방과 북방 사람들은 외모와 성격에도 차이가 있습니다. 중국 북방 지역 사람들은 키가 크고 이목구비가 뚜렷한 외모를 가진 반면, 남방 지역 사람들은 키가 작고 부드러운 인상의 외모를 가지고 있습니다. 북방 지역 사람들은 대부분 호방하고 거센 성격을 지니고 있고, 남방 지역 사람들은 대부분 온화하고 섬세한 성격을 지니고 있습니다.

해석 및 정답 정답 확인하기

지문 해석

哈尔滨的冬天下大雪，海南的冬天鲜花盛开，哈尔滨和海南的冬天相差太大了。北方的冬天太冷，只有穿棉衣棉裤才能过冬，连冰淇淋也不用放在冰箱里。下雪天，路太滑了，还是不开车更安全。夏天，北方人睡觉的时候，海南人在逛夜市呢。因为太热了，他们实在睡不着！	하얼빈의 겨울은 눈이 많이 내리고, 하이난의 겨울은 꽃이 활짝 피어, 하얼빈과 하이난의 겨울은 크게 차이가 난다. 북방의 겨울은 너무 추워서, 솜옷과 솜바지를 입어야만 겨울을 날 수 있고, 아이스크림조차도 냉장고에 넣을 필요가 없다. 눈이 오는 날에는 길이 너무 미끄러워서, 아무래도 운전하지 않는 것이 더 안전하다. 여름에 북방 사람들이 잠을 잘 때 하이난 사람들은 야시장을 구경하고 있다. 너무 더워서 그들은 도저히 잠을 잘 수가 없기 때문이다!

1번 문제 해석

① 哈尔滨的冬天怎么样？
　 A 暖和　B 很热　C 非常冷　D 凉快

② 夏天，北方人睡觉的时候，海南人在做什么？
　 A 学习　B 上班　C 逛夜市　D 吃午饭

③ 下列选项和课文内容一致的是哪一个？
　 A 哈尔滨的冬天鲜花盛开
　 B 海南的冬天很冷
　 C 海南人夏天不睡觉
　 D 海南的夏天很热

① 하얼빈의 겨울은 어떠한가?
　 A 따뜻하다　B 매우 덥다　C 매우 춥다　D 시원하다

② 여름에 북방 사람들이 잘 때 하이난 사람들은 무엇을 하고 있는가?
　 A 공부를 한다　　　B 근무를 한다
　 C 야시장을 구경한다　D 점심밥을 먹는다

③ 윗글에 근거하여, 아래 보기 중 옳은 것은?
　 A 하얼빈의 겨울에는 꽃이 활짝 핀다
　 B 하이난의 겨울은 매우 춥다
　 C 하이난 사람들은 여름에 잠을 자지 않는다
　 D 하이난의 여름은 매우 덥다

정답

1　① C　② C　③ D
2　① 相差　② 过冬　③ 还是　④ 逛　⑤ 睡不着
3　① 海南的冬天鲜花盛开。
　② 北方的冬天太冷，只有穿棉衣棉裤才能过冬。
　③ 夏天，因为太热了，海南人实在睡不着。

Chapter 10 중국인들도 못 알아들어요

학습 목표

- 除了……还……, 每……都……, 一……就……, 根据, 其实의 용법을 이해할 수 있다.
- 중국의 방언에 대해 알 수 있다.

확인 테스트
다음 제시된 문장을 우리말로 해석해 보세요.

❶ 中国除了普通话，还有很多方言。

✓ 해석하기 _____

✓ 모르는 단어 써 보기 _____

❷ 每个地方的方言都不一样。

✓ 해석하기 _____

✓ 모르는 단어 써 보기 _____

❸ 根据地区，中国人把方言大概分成7种。

✓ 해석하기 _____

✓ 모르는 단어 써 보기 _____

정답 확인
❶ 중국에는 표준어 외에도 많은 방언이 있다.
❷ 각 지역의 방언은 모두 다르다.
❸ 지역에 따라, 중국인들은 방언을 대략 7가지 종류로 나누었다.

단어 단어 공부하기   Track 10-1

단어	병음	의미
普通话	pǔtōnghuà	명 (현대 중국어의) 표준어
方言	fāngyán	명 방언, 사투리
以南	yǐ nán	이남, ~의 남쪽
大多数	dàduōshù	명 대다수
家乡话	jiāxiāng huà	고향의 말, 사투리
过	guò	동 건너다, 지나다
黄河	Huánghé	지명 황허
听起来	tīng qǐlai	~하게 들리다, 듣자니 ~인 것 같다
外语	wàiyǔ	명 외국어
差不多	chàbuduō	형 비슷하다
听不懂	tīng bu dǒng	알아들을 수 없다
根据	gēnjù	동 따르다, 근거하다
大概	dàgài	부 대략, 대개
分成	fēn chéng	~으로 나누다

📖 독해 훈련 1 문장 분석하기

1
> 中国除了普通话，还有很多方言。
> Zhōngguó chúle pǔtōnghuà, hái yǒu hěn duō fāngyán.
> 중국에는 표준어 외에도 많은 방언이 있다.

🔍 '除了……'는 '~이외에', '~을 제외하고'라는 의미로 뒤 절에 '还'나 '也'와 호응하여, 앞 절에서 언급한 것 외에도 추가적으로 다른 것이 더 있음을 설명할 때 쓰는 표현입니다.

他除了爱吃肉，还爱吃蔬菜。　　그는 고기를 잘 먹는 것 외에도 채소를 잘 먹는다.
Tā chúle ài chī ròu, hái ài chī shūcài.

他除了看书，也喜欢看电影。　　그는 책 보는 것 외에도 영화 보는 것을 좋아한다.
Tā chúle kàn shū, yě xǐhuan kàn diànyǐng.

단어 肉 ròu 몡 고기 | 蔬菜 shūcài 몡 채소

확인 문제
단어를 조합해 완성된 문장을 만들어 보세요.

爱　　吃蔬菜　　除了　　他　　还　　爱吃肉

➡ _____

그는 고기를 잘 먹는 것 외에도 채소를 잘 먹는다.

2
> 每个地方的方言都不一样。
> Měi ge dìfāng de fāngyán dōu bù yíyàng.
> 각 지역의 방언은 모두 다르다.

🔍 '每'는 '각', '매', '모두'의 의미를 나타내는 대명사로 중간에 양사 없이 명사와 연이어 쓸 수 없습니다. '每'는 '都'와 호응하여 '每' 뒤의 모든 범위를 나타낼 때 사용합니다.

每个星期他都去健身。　　그는 매주 헬스를 하러 간다.
Měi ge xīngqī tā dōu qù jiànshēn.

妈妈每年都去医院体检。　　어머니는 매년 병원에 가서 신체검사를 받는다.
Māma měi nián dōu qù yīyuàn tǐjiǎn.

단어 健身 jiànshēn 동 운동하다, 몸을 튼튼히 하다 | 体检 tǐjiǎn 몡 신체검사

> **확인 문제**
>
> 단어를 조합해 완성된 문장을 만들어 보세요.
>
> 他　　每个　　都　　去健身　　星期
>
> ➡ _____
>
> 그는 매주 헬스를 하러 간다.

3
> 一过了黄河，那里的话听起来就和外语差不多了。
> Yí guò le Huánghé, nàli de huà tīng qǐlai jiù hé wàiyǔ chàbuduō le.
> 황허를 건너기만 하면, 그곳의 말은 듣기에 외국어랑 거의 비슷하다.

🔍 '一……就……'는 '~하기만 하면 ~하다'라는 의미로 앞 절의 조건에 따라 연이어 발생되는 결과를 나타냅니다. '一'와 '就'는 모두 부사로 술어 앞에 사용합니다.

他一到九点就困。　　그는 9시가 되기만 하면 바로 졸린다.
Tā yí dào jiǔ diǎn jiù kùn.

她一到周末就去爬山。　그녀는 주말이 되기만 하면 바로 등산을 간다.
Tā yí dào zhōumò jiù qù páshān.

단어 困 kùn (형) 졸리다 | 爬山 páshān (동) 등산하다

> **확인 문제**
>
> 단어를 조합해 완성된 문장을 만들어 보세요.
>
> 一　　困　　就　　到九点　　他
>
> ➡ _____
>
> 그는 9시가 되기만 하면 바로 졸린다.

4 根据地区，中国人把方言大概分成7种。
Gēnjù dìqū, Zhōngguó rén bǎ fāngyán dàzhì fēn chéng qī zhǒng.
지역에 따라, 중국인들은 방언을 대략 7가지 종류로 나누었다.

'根据'는 '~에 따라', '~에 근거하여'라는 의미로 어떠한 사물이나 동작의 결과나 결론에 대한 구체적인 전제조건을 나타낼 때 쓰는 표현입니다.

根据研究报告，今年出生的孩子比去年少很多。
Gēnjù yánjiū bàogào, jīnnián chūshēng de háizi bǐ qùnián shǎo hěn duō.
연구 보고에 따르면, 올해 태어난 아이는 지난해보다 훨씬 적다.

根据他的成绩，我们可以知道他平时不努力学习。
Gēnjù tā de chéngjì, wǒmen kěyǐ zhīdào tā píngshí bù nǔlì xuéxí.
그의 성적에 근거하여, 우리는 그가 평소에 열심히 공부하지 않는다는 것을 알 수 있다.

단어 研究 yánjiū 몡 연구 | 报告 bàogào 몡 보고, 보고서 | 平时 píngshí 몡 평소, 보통 때

확인 문제

단어를 조합해 완성된 문장을 만들어 보세요.
研究报告　比　根据　少很多　去年　今年出生的孩子
➡ _____
연구 보고에 따르면, 올해 태어난 아이는 지난해보다 훨씬 적다.

5 我们现在学习的普通话，其实是北方方言。
Wǒmen xiànzài xuéxí de pǔtōnghuà, qíshí shì běifāng fāngyán.
우리가 지금 공부하는 표준어는, 사실은 북방 방언이다.

'其实'는 '사실은'이라는 의미의 부사로 술어나 주어 앞에 놓여 말하려는 상황이 사실이라는 점을 강조하며, 앞에서 언급한 내용을 수정하거나 보충을 할 때 쓰는 표현입니다.

其实汉语不太难。　　　　　　　　　사실 중국어는 그다지 어렵지 않다.
Qíshí Hànyǔ bú tài nán.

听口音像北方人，其实他是广州人。
Tīng kǒuyīn xiàng běifāng rén, qíshí tā shì Guǎngzhōu rén.
발음을 들으면 북방 사람 같지만, 사실 그는 광저우 사람이다.

단어 口音 kǒuyīn 뗑 발음, 억양, 말투 | 广州 Guǎngzhōu 지명 광저우

확인 문제

단어를 조합해 완성된 문장을 만들어 보세요.

不太　　其实　　难　　汉语

➡ _____

사실 중국어는 그다지 어렵지 않다.

5분 체크 어법

1 제시된 단어가 들어갈 알맞은 위치를 고르세요.

❶ 他 A 一到 B 周末 C 去 D 爬山。(就)
그녀는 주말이 되기만 하면 바로 등산을 간다.

❷ 妈妈 A 每年 B 去 C 医院 D 体检。(都)
어머니는 매년 병원에 가서 신체검사를 받는다.

2 다음 제시된 문장을 올바르게 고쳐 보세요.

❶ 他除了看书，喜欢看电影也。
그는 책 보는 것 외에도 영화 보는 것을 좋아한다.

➡ _____

❷ 我们可以知道他平时不努力学习，根据他的成绩。
그의 성적에 근거하여, 우리는 그가 평소에 열심히 공부하지 않는다는 것을 알 수 있다.

➡ _____

정답 확인

1 ① C　② B
2 ① 他除了看书，也喜欢看电影。　② 根据他的成绩，我们可以知道他平时不努力学习。

독해 훈련 2 본문 읽어 보기

🎧 Track 10-2 느린 버전 빠른 버전

中国除了普通话，还有很多方言。在北京以南的地区，大多数都有自己的家乡话，每个地方的方言都不一样。一过了黄河，那里的话听起来就和外语差不多了，连中国人自己也听不懂。根据地区，中国人把方言大概分成7种。我们现在学习的普通话，其实是北方方言。

1 다음 질문에 알맞은 답을 고르세요.

① 中国人把方言大概分成几种？
   A 5种   B 6种   C 7种   D 8种

② 我们学习的普通话，其实是什么？
   A 北方方言   B 上海方言   C 湖南方言   D 云南方言

③ 下列选项和课文内容一致的是哪一个？
   A 北京以南的地区有自己的家乡话   B 过了黄河，中国人都说外语
   C 中国人把方言大概分成8种   D 普通话其实是南方方言

2 <보기>를 보고 빈칸에 알맞은 단어를 골라 써 보세요.

| 보기 | 根据 地区 其实 一……就…… 方言 |

① 中国除了普通话，还有很多_____。
   중국에는 표준어 외에도 많은 방언이 있다.

② 在北京以南的_____，大多数都有自己的家乡话。
   베이징 이남 지역에는, 대다수가 모두 자기의 고향말을 가지고 있다.

③ _____过了黄河，那里的话听起来_____和外语差不多了。
   황허를 건너기만 하면, 그곳의 말은 듣기에 외국어랑 거의 비슷하다.

❹ _____地区，中国人把方言大概分成7种。
지역에 따라, 중국인들은 방언을 대략 7가지 종류로 나누었다.

❺ 我们现在学习的普通话，_____是北方方言。
우리가 지금 공부하는 표준어는, 사실은 북방 방언이다.

3 다음 제시된 문장을 읽고, 앞에 지문과 다른 내용을 올바르게 고쳐 보세요.

❶ 中国只说普通话。
중국에서는 표준어로만 말한다.

➜ _____

❷ 北京地区的方言和外语一样。
베이징 지역의 방언은 외국어와 같다.

➜ _____

❸ 中国的方言大概有10多种。
중국의 방언은 대략 10여 가지가 있다.

➜ _____

더 알아보자, 중국 문화!

중국의 방언

중국의 표준말은 북방 방언을 기초로 하고, 베이징 방언을 표준 발음으로 하여 만들어졌습니다. 중국의 헤이룽지앙성(黑龙江省)과 지린성(吉林省), 리아오닝성(辽宁省)은 동북 지역에 속하여 표준말을 사용하지만, 리아오닝성의 남부 지역 사람들은 사투리를 사용합니다. 만약 다롄시(大连市)에 가면 방언이 심하여 알아듣지 못할 수도 있습니다.

중국에서는 고향 사람들끼리 만나면 대부분 방언을 사용합니다. 만약 다른 지역에서 고향 사람을 만나게 되어 사투리로 이야기하면 더 친근감을 느낄 수 있습니다. '我跟他是老乡。(Wǒ gēn tā shì lǎoxiāng. 나와 그는 고향 사람이다.)'이라는 말처럼 타지에서 고향 사람을 만나는 것은 너무 반가운 일입니다.

하지만 같은 지역이라고 해서 모든 사람이 다 같은 방언을 사용하는 것은 아닙니다. 예를 들어, 광둥 지역에서 사용되고 있는 방언은 10여 가지 정도가 됩니다. 방언이 아무리 다양하더라도, 중국인들은 학생 때부터 표준어 교육을 받기 때문에 중국에 가더라도 전혀 걱정하지 않아도 됩니다.

해석 및 정답 정답 확인하기

지문 해석

中国除了普通话，还有很多方言。在北京以南的地区，大多数都有自己的家乡话，每个地方的方言都不一样。一过了黄河，那里的话听起来就和外语差不多了，连中国人自己也听不懂。根据地区，中国人把方言大概分成7种。我们现在学习的普通话，其实是北方方言。

중국에는 표준어 외에도 많은 방언이 있다. 베이징 이남 지역에는, 대다수가 모두 자기의 고향말을 가지고 있고, 각 지역의 방언은 모두 다르다. 황허를 건너기만 하면, 그곳의 말은 듣기에 외국어랑 거의 비슷해서, 중국인들 스스로도 알아듣지 못한다. 지역에 따라, 중국인들은 방언을 대략 7가지 종류로 나누었다. 우리가 지금 공부하는 표준어는, 사실은 북방 방언이다.

1번 문제 해석

① 中国人把方言大概分成几种?
　A 5种　B 6种　C 7种　D 8种

② 我们学习的普通话，其实是什么?
　A 北方方言　B 上海方言
　C 湖南方言　D 云南方言

③ 下列选项和课文内容一致的是哪一个?
　A 北京以南的地区有自己的家乡话
　B 过了黄河，中国人都说外语
　C 中国人把方言大概分成8种
　D 普通话其实是南方方言

① 중국인은 방언을 몇 가지 종류로 나누었는가?
　A 5가지　B 6가지　C 7가지　D 8가지

② 우리가 지금 공부하는 표준어는 무엇인가?
　A 북방 방언　B 상하이 방언
　C 후난 방언　D 윈난 방언

③ 윗글에 근거하여, 아래 보기 중 옳은 것은?
　A 베이징 이남 지역은 자기의 고향말이 있다
　B 황허를 건너면 중국인들이 모두 외국어를 한다
　C 중국인들은 방언을 대략 8가지 종류로 나누었다
　D 표준말은 사실은 남방 방언이다

정답

1　① C　② A　③ A
2　① 方言　② 地区　③ 一，就　④ 根据　⑤ 其实
3　① 中国除了普通话，还有很多方言。
　② 一过了黄河，那里的话听起来就和外语差不多了。
　③ 中国人把方言大概分成7种。

Chapter 11 지우링허우는 어떤 사람이지?

학습 목표

- 동사+在+시간(장소), 为, 的, 适合, 因此의 용법을 이해할 수 있다.
- 지우링허우에 대해 알 수 있다.

확인 테스트 다음 제시된 문장을 우리말로 해석해 보세요.

① "90后"是年轻一代的中国人。

✓ 해석하기 _____

✓ 모르는 단어 써 보기 _____

② 他们活跃在社交网上，分享自己的生活和有意思的事儿。

✓ 해석하기 _____

✓ 모르는 단어 써 보기 _____

③ 可以说"90后"是追求个性，勇敢创新的新一代中国人。

✓ 해석하기 _____

✓ 모르는 단어 써 보기 _____

정답 확인

① '지우링허우'는 젊은 세대의 중국인이다.
② 그들은 SNS에서 활약하며 자신의 삶과 재미있는 일을 공유한다.
③ '지우링허우'는 개성을 추구하고 용감하게 혁신하는 신세대 중국인이라고 할 수 있다.

단어　단어 공부하기　🎧 Track 11-1

단어	병음	의미
年轻	niánqīng	형 젊다
一代	yídài	명 한 세대
出生	chūshēng	동 태어나다
一批	yì pī	한 무리, 한 무더기
独生子女	dúshēng-zǐnǚ	외동 자녀, 한 자녀
发展	fāzhǎn	동 발전하다
一切	yíqiè	대 모든 것, 일체
活跃	huóyuè	동 활약하다, 활발히 하다
社交网	shèjiāo wǎng	SNS
分享	fēnxiǎng	동 공유하다, 함께 나누다
名牌	míngpái	명 명품, 유명 상표
适合	shìhé	동 알맞다, 적합하다
追求	zhuīqiú	동 추구하다
个性	gèxìng	명 개성
勇敢	yǒnggǎn	형 용감하다, 과감하다
创新	chuàngxīn	동 혁신하다, 새로운 것을 만들다

독해 훈련1 문장 분석하기

1

"90后"是年轻一代的中国人，出生在1990年后。
"Jiǔ líng hòu"shì niánqīng yídài de Zhōngguó rén, chūshēng zài yī jiǔ jiǔ líng nián hòu.
'지우링허우'는 젊은 세대의 중국인으로, 1990년도 이후에 태어났다.

🔍 '동사+在+시간(장소)'의 구조에서 '在'는 개사로 동작이 발생하는 시간이나 장소를 나타낼 때 쓰는 표현입니다.

我奶奶出生在1930年。　　　우리 할머니는 1930년에 태어나셨다.
Wǒ nǎinai chūshēng zài yī jiǔ sān líng nián.

他把冰淇淋放在冰箱里。　　그는 아이스크림을 냉장고 안에 두었다.
Tā bǎ bīngqílín fàng zài bīngxiāng li.

[단어] 冰淇淋 bīngqílín 명 아이스크림 | 冰箱 bīngxiāng 명 냉장고

[확인 문제]

단어를 조합해 완성된 문장을 만들어 보세요.

1930年　　　出生　　　我奶奶　　　在

➡ _____

우리 할머니는 1930년에 태어나셨다.

2

父母们为他们准备好了一切。
Fùmǔmen wèi tāmen zhǔnbèi hǎo le yíqiè.
부모님들은 그들을 위해서 모든 것을 준비해주셨다.

🔍 '为'는 '~를 위해'라는 의미의 개사로 행위의 목적이나 대상을 나타낼 때 쓰는 표현입니다.

他要为考试做准备。　　　　그는 시험을 위해 준비해야 한다.
Tā yào wèi kǎoshì zuò zhǔnbèi.

她为老公买了一份礼物。　　그녀는 남편을 위해 선물을 하나 샀다.
Tā wèi lǎogōng mǎi le yí fèn lǐwù.

[단어] 考试 kǎoshì 명 시험 | 老公 lǎogōng 명 남편

확인 문제

단어를 조합해 완성된 문장을 만들어 보세요.

为　考试　要　做准备　他

➡ _____

그는 시험을 위해 준비해야 한다.

3 他们活跃在社交网上，分享自己的生活和有意思的事儿。
Tāmen huóyuè zài shèjiāo wǎngshang, fēnxiǎng zìjǐ de shēnghuó hé yǒuyìsi de shìr.
그들은 SNS에서 활약하며 자신의 삶과 재미있는 일을 공유한다.

🔍 '的'는 '~의'라는 의미로 소유와 소속을 나타내는 구조조사의 용법과 '~한', '~인'이라는 의미로 형용사나 동사의 뒤에서 명사를 수식하는 관형어의 용법이 있습니다.

他是我妹妹的同学。　　　　그는 내 여동생의 동창이다.
Tā shì wǒ mèimei de tóngxué.

你喜欢蒸的饺子，还是煎的饺子？　너는 찐만두를 좋아하니, 아니면 군만두를 좋아하니?
Nǐ xǐhuan zhēng de jiǎozi, háishi jiān de jiǎozi?

단어 同学 tóngxué 명 동창, 학우 | 蒸 zhēng 통 찌다, 증기로 데우다 | 煎 jiān 통 부치다, 지지다 | 饺子 jiǎozi 명 만두

확인 문제

단어를 조합해 완성된 문장을 만들어 보세요.

同学　他是　妹妹　的　我

➡ _____

그는 내 여동생의 동창이다.

4

比起名牌，他们只喜欢适合自己的。
Bǐ qǐ míngpái, tāmen zhǐ xǐhuan shìhé zìjǐ de.
명품보다 그들은 자신에게 어울리는 것을 좋아한다.

🔍 '适合'는 '알맞다', '적합하다'라는 의미의 동사로 '실제적인 상황이나 객관적인 요구에 잘 맞다'라는 것을 나타낼 때 쓰는 표현입니다. '适合'는 동사이기 때문에 뒤에 목적어를 취할 수 있습니다.

他不适合做设计师。　　　　　　그는 디자이너로 적합하지 않다.
Tā bú shìhé zuò shèjìshī.

你不适合穿红色的衣服。　　　　너는 빨간 옷이 어울리지 않는다.
Nǐ bú shìhé chuān hóngsè de yīfu.

단어 设计师 shèjìshī 명 디자이너, 설계사

확인 문제

단어를 조합해 완성된 문장을 만들어 보세요.

适合　　　设计师　　　他　　　做　　　不

➡ _____

그는 디자이너로 적합하지 않다.

5

因此，可以说"90后"是追求个性，勇敢创新的新一代中国人。
Yīncǐ, kěyǐ shuō "Jiǔ líng hòu" shì zhuīqiú gèxìng, yǒnggǎn chuàngxīn de xīn yídài Zhōngguó rén.
그러므로, '지우링허우'는 개성을 추구하고 용감하게 혁신하는 신세대 중국인이라고 할 수 있다.

🔍 '因此'는 '그러므로', '그래서', '이 때문에'라는 의미의 접속사로 앞 절에서 말한 원인을 근거로 초래된 결과를 나타낼 때 쓰는 표현입니다. 앞 절에는 일반적으로 원인을 나타내는 '由于'가 위치합니다.

公司是这样规定的，因此我们都要这样做。
Gōngsī shì zhèyàng guīdìng de, yīncǐ wǒmen dōu yào zhèyàng zuò.
회사가 이렇게 규정한 것이기 때문에, 우리는 모두 이렇게 해야 한다.

由于做了充分的准备，**因此**会议开得很成功。
Yóuyú zuò le chōngfèn de zhǔnbèi, yīncǐ huìyì kāi de hěn chénggōng.
충분한 준비를 했기 때문에, 회의가 성공적으로 열렸다.

단어 规定 guīdìng 동 규정하다 | 充分 chōngfèn 형 충분하다

확인 문제

단어를 조합해 완성된 문장을 만들어 보세요.

我们   公司   都要   因此   是这样规定的   这样做

➡ _____

회사가 이렇게 규정한 것이기 때문에, 우리는 모두 이렇게 해야 한다.

5분 체크 어법

1 제시된 단어가 들어갈 알맞은 위치를 고르세요.

❶ 他 A 把冰淇淋 B 放 C 冰箱里 D 。(在)
그는 아이스크림을 냉장고 안에 두었다.

❷ 她 A 老公 B 买了 C 一份礼物 D 。(为)
그녀는 남편을 위해 선물을 하나 샀다.

2 다음 제시된 문장을 올바르게 고쳐 보세요.

❶ 你喜欢的蒸饺子，还是煎的饺子？
너는 찐만두를 좋아하니, 아니면 군만두를 좋아하니?

➡ _____

❷ 你适合不穿红色的衣服。
너는 빨간 옷이 어울리지 않는다.

➡ _____

정답 확인

1 ❶ C ❷ A
2 ❶ 你喜欢蒸的饺子，还是煎的饺子？ ❷ 你不适合穿红色的衣服。

독해 훈련 2 본문 읽어 보기

🎧 Track 11-2 느린 버전 빠른 버전

"90后"是年轻一代的中国人，出生在1990年后，是中国最后一批独生子女。他们生活在中国发展比较快的时期，父母们为他们准备好了一切。他们活跃在社交网上，分享自己的生活和有意思的事儿。比起名牌，他们只喜欢适合自己的。因此，可以说"90后"是追求个性，勇敢创新的新一代中国人。

1 다음 질문에 알맞은 답을 고르세요.

❶ "90后"是什么时候出生的？
   A 1989年以前   B 1990年以后   C 1900年以后   D 1990年前

❷ "90后"的特点是什么？
   A 喜欢名牌   B 没有个性   C 勇敢创新   D 不喜欢上网

❸ 下列选项和课文内容一致的是哪一个？
   A "90后"现在都结婚了   B "90后"喜欢上网
   C "90后"都买很多名牌   D "90后"胆子都比较小

2 <보기>를 보고 빈칸에 알맞은 단어를 골라 써 보세요.

| 보기 | 一批   分享   为   因此   比起 |

❶ "90后"是中国最后_____独生子女。
   '지우링허우'는 중국의 마지막 외동 자녀들이다.

❷ 父母们_____他们准备好了一切。
   부모님들은 그들을 위해서 모든 것을 준비해주셨다.

❸ 他们活跃在社交网上，_____自己的生活和有意思的事儿。
   그들은 SNS에서 활약하며 자신의 삶과 재미있는 일을 공유한다.

❹ _____名牌，他们只喜欢适合自己的。
명품보다 그들은 자신에게 어울리는 것을 좋아한다.

❺ _____，可以说"90后"是追求个性，勇敢创新的新一代中国人。
그러므로, '지우링허우'는 개성을 추구하고 용감하게 혁신하는 신세대 중국인이라고 할 수 있다.

3 다음 제시된 문장을 읽고, 앞에 지문과 다른 내용을 올바르게 고쳐 보세요.

❶ "90后"是老一代的中国人。
'지우링허우'는 나이가 많은 세대의 중국인이다.

➔ _____

❷ "90后"生活在中国发展很慢的时期。
'지우링허우'는 중국의 발전이 매우 느린 시기를 생활하였다.

➔ _____

❸ "90后"喜欢买名牌。
'지우링허우' 사람들은 명품을 구매하는 것을 좋아한다.

➔ _____

'소황제'로 살았던 지우링허우

지우링허우는 1990년 1월 1일부터 1999년 12월 31일 사이에 태어난 한 세대의 중국인을 의미합니다. 이 시대에 중국은 '计划生育(jìhuà shēngyù, 산아 제한)' 제도에 의하여 한 가정에서 한 명의 아이만을 가질 수 있었습니다. 온 가족의 사랑을 받고 자란 이 시대의 아이들은 '소황제'처럼 자랐습니다.

지우링허우는 기괴한 옷을 입고 이상한 머리 스타일을 하고 다녔기 때문에 '垮掉的一代(kuǎ diào de yídài, 무너진 한 세대)'라고 불렸지만, 이들이 사회로 나가게 되면서 우리 사회의 발전에 큰 힘을 실어 주고 있습니다. 때문에 그들을 비교적 자유로운 생각을 지니고, 미래에 대하여 낙관적인 생각으로 두려움 없이 생활을 하는 세대라고 말하기도 합니다.

지우링허우는 현대 사회의 치열한 경쟁속에서 잘 적응하며 예전 시대 사람들이 선호하는 '铁饭碗(tiě fàn wǎn, 면직될 염려가 없는 평생 직업)'을 선호하기보다, 오히려 일에 열정이 있고 본인이 좋아하는 직장과 직업의 비전을 더 중요시 생각합니다.

해석 및 정답 정답 확인하기

지문 해석

"90后"是年轻一代的中国人，出生在1990年后，是中国最后一批独生子女。他们生活在中国发展比较快的时期，父母们为他们准备好了一切。他们活跃在社交网上，分享自己的生活和有意思的事儿。比起名牌，他们只喜欢适合自己的。因此，可以说"90后"是追求个性，勇敢创新的新一代中国人。	'지우링허우'는 젊은 세대의 중국인으로, 1990년도 이후에 태어난 중국의 마지막 외동 자녀들이다. 그들은 중국의 발전이 비교적 빠른 시기를 생활하였고, 부모님들은 그들을 위해서 모든 것을 준비해주셨다. 그들은 SNS에서 활약하며 자신의 삶과 재미있는 일을 공유하고, 명품보다 자신에게 어울리는 것을 좋아한다. 그러므로, '지우링허우'는 개성을 추구하고 용감하게 혁신하는 신세대 중국인이라고 할 수 있다.

1번 문제 해석

① "90后"是什么时候出生的?
　　A 1989年以前　B 1990年以后
　　C 1900年以后　D 1990年前

② "90后"的特点是什么?
　　A 喜欢名牌　B 没有个性
　　C 勇敢创新　D 不喜欢上网

③ 下列选项和课文内容一致的是哪一个?
　　A "90后"现在都结婚了
　　B "90后"喜欢上网
　　C "90后"都买很多名牌
　　D "90后"胆子都比较小

① '지우링허우'들은 언제 태어났는가?
　　A 1989년 전에　B 1990년 후에
　　C 1900년 후에　D 1990년 전에

② '지우링허우'의 특징은 무엇인가?
　　A 명품을 좋아한다
　　B 개성이 없다
　　C 용감하고 혁신적이다
　　D 인터넷 하는 것을 좋아하지 않는다

③ 윗글에 근거하여, 아래 보기 중 옳은 것은?
　　A '지우링허우'들은 지금 모두 결혼했다
　　B '지우링허우'들은 인터넷 하는 것을 좋아한다
　　C '지우링허우'들은 모두 명품을 많이 산다
　　D '지우링허우'들은 모두 겁이 많다

정답

1 ① B　② C　③ B
2 ① 一批　② 为　③ 分享　④ 比起　⑤ 因此
3 ① "90后"是年轻一代的中国人。
　　② "90后"生活在中国发展比较快的时期。
　　③ 比起名牌，他们只喜欢适合自己的。

Chapter 12 왕홍의 인기는 대단해

학습 목표

- 用……来……, 于是, 有的, 并不, 동태조사 着의 용법을 이해할 수 있다.
- 중국의 왕홍(인플루언서)에 대해 알 수 있다.

확인 테스트   다음 제시된 문장을 우리말로 해석해 보세요.

❶ 网络时代，很多人喜欢用视频来分享生活。

✔ 해석하기 _____

✔ 모르는 단어 써 보기 _____

❷ 有一些人的视频人气很高，于是他们成了网红。

✔ 해석하기 _____

✔ 모르는 단어 써 보기 _____

❸ 他们也影响着现在中国年轻人的生活。

✔ 해석하기 _____

✔ 모르는 단어 써 보기 _____

정답 확인
❶ 인터넷 시대에 많은 사람들은 동영상으로 삶을 공유하는 것을 좋아한다.
❷ 어떤 사람들은 동영상이 인기가 많아 왕홍(인플루언서)이 되었다.
❸ 그들은 또한 현재 중국 젊은이들의 생활에 영향을 주고 있다.

단어

단어 공부하기　　Track 12-1

단어	병음	의미
网络	wǎngluò	명 인터넷, 네트워크
用……来……	yòng……lái……	~로 ~를 하다
视频	shìpín	명 동영상
网红	wǎng hóng	왕홍, 인플루언서, 인터넷 스타
收入	shōurù	명 수입, 소득
职业	zhíyè	명 직업
容易	róngyì	형 쉽다, 용이하다
拍出	pāichū	찍어 내다, 촬영하다
影响	yǐngxiǎng	동 영향을 주다 명 영향
引导	yǐndǎo	동 이끌다, 인도하다
消费	xiāofèi	명 소비 동 소비하다
方向	fāngxiàng	명 방향

📖 독해 훈련 1 문장 분석하기

1

网络时代，很多人喜欢用视频来分享生活。
Wǎngluò shídài, hěn duō rén xǐhuan yòng shìpín lái fēnxiǎng shēnghuó.
인터넷 시대에 많은 사람들은 동영상으로 삶을 공유하는 것을 좋아한다.

🔍 '用……来……'는 '~로 ~를 하다'라는 의미로 수단과 방법 등을 나타낼 때 쓰는 표현입니다.

他每天用交通卡来坐车。　　그는 매일 교통 카드를 이용하여 차를 탄다.
Tā měi tiān yòng jiāotōng kǎ lái zuò chē.

现在的年轻人都用手机来买东西。　요즘 젊은 사람들은 모두 휴대 전화로 물건을 산다.
Xiànzài de niánqīng rén dōu yòng shǒujī lái mǎi dōngxi.

> **단어**　交通卡 jiāotōng kǎ 교통 카드

확인 문제

단어를 조합해 완성된 문장을 만들어 보세요.

每天　　交通卡　　来　　坐车　　他　　用

➡ _____

그는 매일 교통 카드를 이용하여 차를 탄다.

2

有一些人的视频人气很高，于是他们成了网红。
Yǒu yìxiē rén de shìpín rénqì hěn gāo, yúshì tāmen chéng le wǎnghóng.
어떤 사람들은 동영상이 인기가 많아 왕홍(인플루언서)이 되었다.

🔍 '于是'는 '그래서', '그리하여'라는 의미의 접속사로 보통 뒤 절에 놓여, 선후로 발생한 두 가지 상황을 나타내거나 앞 절의 내용이 뒤 절의 원인이 되었음을 나타내는 표현입니다.

今天下雨，于是他打算在家休息。　오늘 비가 와서, 그는 집에서 쉬려고 한다.
Jīntiān xiàyǔ, yúshì tā dǎsuàn zài jiā xiūxi.

报名的人太少了，于是活动取消了。　신청한 사람이 너무 적어서, 행사가 취소되었다.
Bàomíng de rén tài shǎo le, yúshì huódòng qǔxiāo le.

> **단어**　打算 dǎsuàn 통 ~하려고 하다, ~할 작정이다 | 活动 huódòng 명 행사, 활동 통 활동하다 | 取消 qǔxiāo 통 취소하다

확인 문제

단어를 조합해 완성된 문장을 만들어 보세요.

今天　　于是　　在家　　休息　　下雨　　他打算

➡ _____

오늘 비가 와서, 그는 집에서 쉬려고 한다.

3　有的网红收入非常高，网红也成了最有人气的职业之一。
Yǒude wǎnghóng shōurù fēicháng gāo, wǎnghóng yě chéng le zuì yǒu rénqì de zhíyè zhī yī.
어떤 왕홍들은 수입이 매우 높아서, 가장 인기가 있는 직업 중 하나가 되었다.

 '有的'는 전체 중 일부를 나타낼 때 사용하는 표현으로 단독으로 사용할 수 있고, '有的……, 有的……'와 같이 반복적으로 사용할 수도 있습니다. 문맥에 따라서 '어떤 사람', '어떤 것'의 의미를 나타냅니다.

有的外国人不能吃香菜。　　어떤 외국인들은 고수를 못 먹는다.
Yǒude wàiguó rén bù néng chī xiāngcài.

有的老年人还不会用电脑。　　어떤 노인들은 아직 컴퓨터를 사용할 줄 모른다.
Yǒude lǎonián rén hái bú huì yòng diànnǎo.

단어　香菜 xiāngcài 명 고수

확인 문제

단어를 조합해 완성된 문장을 만들어 보세요.

外国人　　香菜　　有的　　吃　　不能

➡ _____

어떤 외국인은 고수를 못 먹는다.

4
网红的工作并不容易。
Wǎnghóng de gōngzuò bìng bù róngyì.
왕홍의 일은 결코 쉽지 않다.

'并'은 '不', '没'와 같은 부정부사 앞에 놓여 부정의 의미를 강조합니다. '并不'는 '결코 ~하지 않다'라는 의미로 어떤 생각이나 관점에 대하여 부정하는 의미를 나타낼 때 쓰는 표현입니다.

他的工作并不轻松。 그의 일은 결코 수월하지 않다.
Tā de gōngzuò bìng bù qīngsōng.

她并不知道我喜欢她。 그녀는 내가 그녀를 좋아하는지 전혀 모른다.
Tā bìng bù zhīdào wǒ xǐhuan tā.

단어 轻松 qīngsōng 형 수월하다

확인 문제
단어를 조합해 완성된 문장을 만들어 보세요.

他的　　轻松　　工作　　并不

➡ _____

그의 일은 결코 수월하지 않다.

5
他们也影响着现在中国年轻人的生活。
Tāmen yě yǐngxiǎngzhe xiànzài Zhōngguó niánqīng rén de shēnghuó.
그들은 또한 현재 중국 젊은이들의 생활에 영향을 주고 있다.

동태조사 '着'는 동사 뒤에 놓여 동작의 지속을 나타냅니다. '~하고 있다', '~한 상태이다'라는 의미를 나타내며 목적어가 있을 때의 어순은 '주어+동사(술어)+着+목적어'입니다.

他开着车，看着前边的路。 그는 차를 운전하며, 앞의 길을 보고 있다.
Tā kāizhe chē, kànzhe qiánbian de lù.

妈妈在门口站着。 어머니가 입구에 서 계신다.
Māma zài ménkǒu zhànzhe.

단어 路 lù 명 길 | 门口 ménkǒu 명 입구

> **확인 문제**
>
> 단어를 조합해 완성된 문장을 만들어 보세요.
>
> 他　　看着　　开着　　车　　前边的路
>
> ➡ _____
>
> 그는 차를 운전하며, 앞의 길을 보고 있다.

5분 체크 어법

1 제시된 단어가 들어갈 알맞은 위치를 고르세요.

❶ 现在的年轻人 A 都 B 手机 C 来 D 买东西。(用)

요즘 젊은 사람들은 모두 휴대 전화로 물건을 산다.

❷ 妈妈 A 在 B 门口 C 站 D。(着)

어머니가 입구에 서 계신다.

2 다음 제시된 문장을 올바르게 고쳐 보세요.

❶ 报名的人太少了，因为活动取消了。

신청한 사람이 너무 적어서, 행사가 취소되었다.

➡ _____

❷ 老年人有的还不会用电脑。

어떤 노인들은 아직 컴퓨터를 사용할 줄 모른다.

➡ _____

정답 확인

1 ① B　② D

2 ① 报名的人太少了，于是活动取消了。　② 有的老年人还不会用电脑。

독해 훈련 2 본문 읽어 보기

🎧 Track 12-2 느린 버전 빠른 버전

> 网络时代，很多人喜欢用视频来分享生活。有一些人的视频人气很高，于是他们成了网红。有的网红收入非常高，网红也成了最有人气的职业之一。但是网红的工作并不容易，他们也要为拍出好的视频而努力工作。他们也影响着现在中国年轻人的生活，引导着中国的消费方向。

1 다음 질문에 알맞은 답을 고르세요.

❶ 网络时代，很多人喜欢用什么分享生活？
   A 酒   B 自行车   C 跑步   D 视频

❷ 为什么人们想成为网红？
   A 网红都很漂亮   B 收入高   C 不用上班   D 没有收入

❸ 下列选项和课文内容一致的是哪一个？
   A 网红引导着中国的消费方向   B 网红不喜欢上网
   C 没有人要当网红   D 网红在家工作

2 <보기>를 보고 빈칸에 알맞은 단어를 골라 써 보세요.

| 보기 | 引导   拍   容易   视频   网红 |

❶ 很多人喜欢用_____来分享生活。
많은 사람들은 동영상으로 삶을 공유하는 것을 좋아한다.

❷ 有一些人的视频人气很高，于是他们成了_____。
어떤 사람들은 동영상이 인기가 많아 왕홍(인플루언서)이 되었다.

❸ 网红的工作并不_____。
왕홍의 일은 결코 쉽지 않다.

❹ 他们也要为_____出好的视频而努力工作。
그들도 좋은 동영상을 만들기 위해서 열심히 일해야 한다.

❺ 他们_____着中国的消费方向。
그들은 중국의 소비 방향을 이끌고 있다.

3 다음 제시된 문장을 읽고, 앞에 지문과 다른 내용을 올바르게 고쳐 보세요.

❶ 网红的视频人气不高。
왕홍의 동영상은 인기가 많지 않다.

➜ _____

❷ 网红这个职业不是很受大家欢迎。
왕홍이라는 직업은 사람들의 환영을 그다지 받지 못하고 있다.

➜ _____

❸ 网红影响现在中国老年人的生活。
왕홍들은 현재 중국 노인들의 생활에 영향을 주고 있다.

➜ _____

더 알아보자, 중국 문화!

새로운 직업 '왕홍'

과학 기술이 발달함에 따라 현대 사회에서는 컴퓨터와 휴대 전화 하나로 많은 것을 해결 할 수 있게 되었습니다. 이러한 삶의 변화에 따라 새로운 직업도 등장을 했습니다. 그것은 바로 '왕홍(인플루언서)'입니다.

'왕홍'의 종류는 상당히 다양한데, 중국에서 가장 인기가 있는 왕홍은 노래를 하는 왕홍, 춤을 추는 왕홍, 물건을 파는 왕홍, 메이크업 기술을 가르쳐 주는 왕홍입니다. 중국의 왕홍은 다양한 콘텐츠를 보여주면서 젊은 사람들의 생활에 큰 영향을 주고 있습니다.

중국에서 '脸书(Liǎnshū, 페이스북)', '推特(Tuītè, 트위터)', '油管(Yóuguǎn, 유튜브)' 등의 어플은 사용이 제한되지만, 중국인들이 개발한 SNS 앱 '微博(Wēi bó, 웨이보, 마이크로블로그 사이트)', '优酷(Yōukù, 요쿠, 중국의 동영상 사이트)', '抖音(Dǒuyīn, 틱톡, 중국의 짧은 동영상 앱)' 등을 통해서 인터넷 생활을 즐기고 있습니다.

해석 및 정답 정답 확인하기

지문 해석

网络时代，很多人喜欢用视频来分享生活。有一些人的视频人气很高，于是他们成了网红。有的网红收入非常高，网红也成了最有人气的职业之一。但是网红的工作并不容易，他们也要为拍出好的视频而努力工作。他们也影响着现在中国年轻人的生活，引导着中国的消费方向。	인터넷 시대에 많은 사람들은 동영상으로 삶을 공유하는 것을 좋아한다. 어떤 사람들은 동영상이 인기가 많아 왕홍(인플루언서)이 되었다. 어떤 왕홍들은 수입이 매우 높아서, 왕홍도 가장 인기가 있는 직업 중 하나가 되었다. 하지만 왕홍의 일은 결코 쉽지 않고, 그들도 좋은 동영상을 만들기 위해서 열심히 일해야 한다. 그들은 또한 현재 중국 젊은이들의 생활에 영향을 주고, 중국의 소비 방향을 이끌고 있다.

1번 문제 해석

① 网络时代，很多人喜欢用什么分享生活?
　A 酒　　B 自行车　　C 跑步　　D 视频

② 为什么人们想成为网红?
　A 网红都很漂亮　　B 收入高
　C 不用上班　　　　D 没有收入

③ 下列选项和课文内容一致的是哪一个?
　A 网红引导着中国的消费方向
　B 网红不喜欢上网
　C 没有人要当网红
　D 网红在家工作

① 인터넷 시대에 많은 사람들이 무엇으로 삶을 공유하는가?
　A 술　　B 자전거　　C 달리기　　D 동영상

② 왜 사람들은 왕홍이 되고 싶어하는가?
　A 왕홍들이 모두 예뻐서　　B 수입이 많아서
　C 출근을 안 해도 되어서　　D 수입이 없어서

③ 윗글에 근거하여, 아래 보기 중 옳은 것은?
　A 왕홍은 중국의 소비 방향을 이끌고 있다
　B 왕홍은 인터넷 하는 것을 싫어한다
　C 왕홍이 되고 싶어 하는 사람은 없다
　D 왕홍은 집에서 일을 한다

정답

1　①D　②B　③A
2　①视频　②网红　③容易　④拍　⑤引导
3　① 有一些人的视频人气非常高，于是他们成了网红。
　② 网红是最有人气的职业之一。
　③ 网红影响着现在中国年轻人的生活。

Chapter 13 서른이 넘어도 결혼을 안 해

학습 목표

- 左右, 有 겸어문, 关于, 先……然后……, 一般来说의 용법을 이해할 수 있다.
- 중국의 결혼 문화에 대해 알 수 있다.

확인 테스트 다음 제시된 문장을 우리말로 해석해 보세요.

① 20年前，很多中国人27岁左右就结婚了。

✓ 해석하기 _____

✓ 모르는 단어 써 보기 _____

② 先多谈几年恋爱充分了解对方，然后再结婚。

✓ 해석하기 _____

✓ 모르는 단어 써 보기 _____

③ 中国人结婚还是比韩国人早一点儿。

✓ 해석하기 _____

✓ 모르는 단어 써 보기 _____

정답 확인

① 20년 전, 많은 중국인들은 27세쯤에 결혼을 했다.
② 우선 연애를 몇 년 하고 서로에 대해 충분히 알고 나서, 그다음에 결혼한다.
③ 중국인의 결혼은 그래도 한국인보다 조금 이르다.

단어   단어 공부하기

단어	병음	의미
左右	zuǒyòu	명 정도, 가량, 내외
结婚	jiéhūn	동 결혼하다
问题	wèntí	명 문제
年轻人	niánqīng rén	젊은 사람, 젊은이
选择	xuǎnzé	명 선택 동 선택하다
不再	bú zài	더 이상 ~이 아니다
烦恼	fánnǎo	형 고민하다, 걱정하다
认为	rènwéi	동 생각하다, 여기다
谈恋爱	tán liàn'ài	연애하다
充分	chōngfèn	부 충분히 형 충분하다
了解	liǎojiě	동 (잘) 알다, 이해하다
对方	duìfāng	명 상대방, 상대편
一般来说	yìbān lái shuō	일반적으로(말하면)

독해 훈련 1   문장 분석하기

1
> 20年前，很多中国人27岁左右就结婚了。
> Èrshí nián qián, hěn duō Zhōngguó rén èrshíqī suì zuǒyòu jiù jiéhūn le.
> 20년 전, 많은 중국인들은 27세쯤에 결혼을 했다.

🔍 '左右'는 '쯤', '정도'라는 의미로 정확한 수량이나 정도를 알 수 없음을 나타낼 때 쓰는 표현입니다. 시간, 나이, 거리 등을 나타내는 수량사 뒤에 놓여 대략적인 어림수를 나타냅니다.

他看起来大概30岁左右。   그는 대략 30세 정도로 보인다.
Tā kàn qǐlai dàgài sānshí suì zuǒyòu.

我们明天下午6点左右见，怎么样?   우리 내일 오후 6시쯤 만날까요?
Wǒmen míngtiān xiàwǔ liù diǎn zuǒyòu jiàn, zěnmeyàng?

단어 大概 dàgài 🔹 대략, 대개, 아마도

확인 문제
단어를 조합해 완성된 문장을 만들어 보세요.

大概   他   30岁   看起来   左右

➡ _____

그는 대략 30세 정도로 보인다.

2
> 现在过了30岁，还有很多人都没结婚。
> Xiànzài guò le sānshí suì, hái yǒu hěn duō rén dōu méi jiéhūn.
> 지금은 서른이 넘었는데도 결혼을 하지 않은 사람이 많다.

🔍 겸어문이란 한 문장에 두 개 이상의 동사가 있고, 첫 번째 동사(有)의 목적어(人)가 두 번째 동사(结婚)의 의미상의 주어를 겸하는 문장을 가리킵니다. '有'는 겸어문의 첫 번째 동사로 사람이나 사물의 유무 여부를 나타낼 때 쓰는 표현입니다.

有人在门外等你呢。   누가 문밖에서 너를 기다리고 있어.
Yǒu rén zài mén wài děng nǐ ne.

有学生来问王老师问题。   어떤 학생이 와서 왕 선생님에게 질문을 한다.
Yǒu xuésheng lái wèn Wáng lǎoshī wèntí.

단어 等 děng (동) 기다리다

확인 문제

단어를 조합해 완성된 문장을 만들어 보세요.

呢　　有　　人　　在门外　　等你

➡ _____

누가 문밖에서 너를 기다리고 있어.

3 关于结婚的问题，也慢慢成了年轻人自己的选择，不再是烦恼。

Guānyú jiéhūn de wèntí, yě mànmàn chéng le niánqīng rén zìjǐ de xuǎnzé, bú zài shì fánnǎo.

결혼에 관한 문제는 점점 젊은 사람들의 선택이 되어, 더 이상 고민거리가 아니게 되었다.

 '关于'는 '~에 관한', '~에 관하여'라는 의미의 개사로 어떠한 일과 관련하여 동작이 미치는 범위나 내용을 이끌어낼 때 쓰는 표현입니다. '关于'가 부사어로 쓰일 때는 반드시 주어 앞에 위치해야 합니다.

关于这个问题，你应该问问你妈妈。
Guānyú zhège wèntí, nǐ yīnggāi wènwen nǐ māma.
이 문제에 관해서, 너는 네 어머니에게 물어봐야 한다.

这是一个关于爱情的故事。　　이것은 사랑에 관한 이야기이다.
Zhè shì yí ge guānyú àiqíng de gùshi.

단어 爱情 àiqíng (명) 사랑, 애정

확인 문제

단어를 조합해 완성된 문장을 만들어 보세요.

这个问题　　问问　　你妈妈　　关于　　你应该

➡ _____

이 문제에 관해서, 너는 네 어머니에게 물어봐야 한다.

4 有一些人认为，先多谈几年恋爱充分了解对方，然后再结婚，这样对两个人都好。
Yǒu yìxiē rén rènwéi, xiān duō tán jǐ nián liàn'ài chōngfèn liǎojiě duìfāng, ránhòu zài jiéhūn, zhèyàng duì liǎng ge rén dōu hǎo.
어떤 사람들은 우선 연애를 몇 년 하고 서로에 대해 충분히 알고 나서, 그다음에 결혼하는 것이 두 사람 모두에게 좋다고 생각한다.

🔍 '先……然后……'는 '먼저 ~를 하고, 그다음에 ~를 하다'의 의미를 가지는 접속사로 일의 순서, 동작의 선후관계를 나타낼 때 쓰는 표현입니다.

你先吃饭，然后再吃这个药。   너는 먼저 밥을 먹고, 그다음에 이 약을 먹어.
Nǐ xiān chī fàn, ránhòu zài chī zhège yào.

你先洗手，然后再来帮我。   너는 먼저 손을 씻고, 그다음에 다시 와서 나를 도와줘.
Nǐ xiān xǐ shǒu, ránhòu zài lái bāng wǒ.

단어 药 yào 몡 약

확인 문제
단어를 조합해 완성된 문장을 만들어 보세요.

吃饭   然后   再吃这个药   你   先

➡ _____
너는 먼저 밥을 먹고, 그다음에 이 약을 먹어.

5 一般来说，中国人结婚还是比韩国人早一点儿。
Yìbān lái shuō, Zhōngguó rén jiéhūn háishi bǐ Hánguó rén zǎo yìdiǎnr.
일반적으로 중국인의 결혼은 그래도 한국인보다 조금 이르다.

🔍 '一般来说'는 '일반적으로(말하면)'이라는 의미로 대부분 문장의 처음에 위치하며 일반적이고, 보편적인 상황을 나타낼 때 쓰는 표현입니다.

一般来说，孩子出生后要打预防针。
Yìbān lái shuō, háizi chūshēng hòu yào dǎ yùfáng zhēn.
일반적으로 아이는 태어나면 예방주사를 맞아야 한다.

一般来说，坐飞机时要把手机调到飞行模式。
Yìbān lái shuō, zuò fēijī shí yào bǎ shǒujī tiáo dào fēixíng móshì.
일반적으로 비행기를 탈 때 휴대 전화를 비행기 모드로 바꾸어 놓아야 한다.

> **단어** 打针 dǎzhēn 동 주사를 놓다 | 预防 yùfáng 동 예방하다 | 飞行模式 fēixíng móshì 비행기 모드

확인 문제

단어를 조합해 완성된 문장을 만들어 보세요.

出生后　　打预防针　　要　　一般来说　　孩子

➡ _____

일반적으로 아이는 태어나면 예방주사를 맞아야 한다.

✏️ 5분 체크 어법

1 제시된 단어가 들어갈 알맞은 위치를 고르세요.

❶ A 坐飞机时 B 要把手机 C 调到 D 飞行模式。（一般来说）
일반적으로 비행기를 탈 때 휴대 전화를 비행기 모드로 바꾸어 놓아야 한다.

❷ A 学生 B 来 C 问王老 D 问题。（有）
어떤 학생이 와서 왕 선생님에게 질문을 한다.

2 다음 제시된 문장을 올바르게 고쳐 보세요.

❶ 我们明天下午6左右点见，怎么样？
우리 내일 오후 6시쯤 만날까요?

➡ _____

❷ 这是一个爱情的关于故事。
이것은 사랑에 관한 이야기이다.

➡ _____

> **정답 확인**
> 1 ①A ②A
> 2 ①我们明天下午6点左右见，怎么样？　②这是一个关于爱情的故事。

독해 훈련 2 본문 읽어 보기

🎧 Track 13-2 느린 버전 빠른 버전

20年前，很多中国人27岁左右就结婚了。但是现在过了30岁，还有很多人都没结婚。关于结婚的问题，也慢慢成了年轻人自己的选择，不再是烦恼。有一些人认为，先多谈几年恋爱充分了解对方，然后再结婚，这样对两个人都好。但是一般来说，中国人结婚还是比韩国人早一点儿。

1 다음 질문에 알맞은 답을 고르세요.

❶ 20年前，中国人几岁左右结婚？
   A 18岁   B 20岁   C 27岁   D 35岁

❷ 关于结婚的问题，现在的年轻人怎么想？
   A 是烦恼   B 是负担   C 是自己的选择   D 是父母的事

❸ 下列选项和课文内容一致的是哪一个？
   A 现在中国人27岁结婚
   B 结婚是现在年轻人最烦恼的事
   C 中国人不谈恋爱，直接结婚
   D 一般来说，中国人结婚还是比韩国人早一点儿

2 <보기>를 보고 빈칸에 알맞은 단어를 골라 써 보세요.

| 보기 | 关于   对……好   充分   一般来说   左右 |

❶ 20年前，很多中国人27岁＿＿＿＿＿就结婚了。
   20년 전, 많은 중국인들은 27세쯤에 결혼을 했다.

❷ ＿＿＿＿＿结婚的问题，也慢慢成了年轻人自己的选择。
   결혼에 관한 문제는 점점 젊은 사람들의 선택이 되었다.

❸ 先多谈几年恋爱_____了解对方，然后再结婚。
우선 연애를 몇 년 하고 서로에 대해 충분히 알고 나서, 그다음에 결혼한다.

❹ 这样_____两个人都_____。
이렇게 하면 두 사람 모두에게 좋다고 생각한다.

❺ _____，中国人结婚还是比韩国人早一点儿。
일반적으로 중국인의 결혼은 그래도 한국인보다 조금 이르다.

3 다음 제시된 문장을 읽고, 앞에 지문과 다른 내용을 올바르게 고쳐 보세요.

❶ 最近，中国年轻人很早就结婚了。
최근에 중국 젊은 사람들은 매우 일찍 결혼을 한다.

➢ _____

❷ 结婚对现在的年轻人来说是烦恼。
결혼은 현재의 젊은 사람들에게 고민거리이다.

➢ _____

❸ 有些人认为，不谈恋爱，直接结婚会比较好。
어떤 사람들은 연애를 안 하고, 바로 결혼하는 것이 더 좋다고 생각한다.

➢ _____

더 알아보자, 중국 문화!

결혼이 점점 늦어지는 중국인

예전에 비해 요즘 젊은 중국인들은 개인의 자유 시간을 더 누리기 위해 점점 결혼을 늦게 하는 추세입니다. 현재의 중국 젊은 사람들은 상당히 '晚婚(wǎnhūn, 늦게 결혼하다)'을 하고 있습니다.

그리고 결혼만 하고 아이를 갖지 않으려고 하는 젊은 부부들도 늘어나고 있습니다. 이런 사람들을 '丁克族(dīngkè zú, 딩크족)'라고 합니다. 중국에 맞벌이 부부가 증가하면서 이러한 현상이 생겨나기 시작했습니다. 중국의 한 가정 한 자녀 정책이 폐지되었음에도 불구하고 부부 둘이서만 생활하는 것을 선호하는 사람들은 계속해서 늘어가고 있습니다.

그 외에도, 한국어의 '노총각', '노처녀'라는 단어를 중국어로 '剩男(shèng nán)', '剩女(shèng nǚ)'라고 표현하기도 하며, '워킹 맘'과 같은 단어로 '在职妈妈(zàizhí māma)'를 사용하기도 합니다. 중국의 평균 결혼 연령이 점점 늦어지고 있는 추세이지만, 부모의 재촉에 '闪婚(shǎnhūn, 번개 결혼)'을 하는 중국인도 있습니다.

해석 및 정답 — 정답 확인하기

지문 해석

20年前，很多中国人27岁左右就结婚了。但是现在过了30岁，还有很多人都没结婚。关于结婚的问题，也慢慢成了年轻人自己的选择，不再是烦恼。有一些人认为，先多谈几年恋爱充分了解对方，然后再结婚，这样对两个人都好。但是一般来说，中国人结婚还是比韩国人早一点儿。

20년 전, 많은 중국인들은 27세쯤에 결혼을 했다. 하지만 지금은 서른이 넘었는데도 결혼을 하지 않은 사람이 많다. 결혼에 관한 문제는 점점 젊은 사람들의 선택이 되어, 더 이상 고민거리가 아니게 되었다. 어떤 사람들은 우선 연애를 몇 년 하고 서로에 대해 충분히 알고 나서, 그다음에 결혼하는 것이 두 사람 모두에게 좋다고 생각한다. 하지만 일반적으로 중국인의 결혼은 그래도 한국인보다 조금 이르다.

1번 문제 해석

① 20年前，中国人几岁左右结婚？
　A 18岁　B 20岁　C 27岁　D 35岁

② 关于结婚的问题，现在的年轻人怎么想？
　A 是烦恼　　　B 是负担
　C 是自己的选择　D 是父母的事

③ 下列选项和课文内容一致的是哪一个？
　A 现在中国人27岁结婚
　B 结婚是现在年轻人最烦恼的事
　C 中国人不谈恋爱，直接结婚
　D 一般来说，中国人结婚还是比韩国人早一点儿

① 20년 전, 중국인들은 몇 세 정도에 결혼했는가?
　A 18세　B 20세　C 27세　D 35세

② 결혼에 관한 문제를 지금의 젊은 사람들은 어떻게 생각하는가?
　A 고민거리이다　　B 부담이다
　C 자기의 선택이다　D 부모의 일이다

③ 윗글에 근거하여, 아래 보기 중 옳은 것은?
　A 지금 중국인들은 27세에 결혼한다
　B 결혼은 현재 젊은 사람들이 가장 고민하는 일이다
　C 중국인들은 연애를 안 하고 바로 결혼한다
　D 일반적으로 중국인의 결혼은 한국인보다 조금 이르다

정답

1　① C　② C　③ D
2　① 左右　② 关于　③ 充分　④ 对, 好　⑤ 一般来说
3　① 现在过了30岁，还有很多人没结婚。
　② 关于结婚的问题，也慢慢成了年轻人自己的选择，不再是烦恼。
　③ 有一些人认为，先多谈几年恋爱充分了解对方，然后再结婚，这样对两个人都好。

Chapter 14 결혼식에 흰 봉투라니?

학습 목표

- 一定, 多(少)+동사, 让人想起, 千万, 可, 要是의 용법을 이해할 수 있다.
- 중국의 결혼식 축의금에 대해 알 수 있다.

확인 테스트   다음 제시된 문장을 우리말로 해석해 보세요.

❶ 参加朋友的婚礼，一定要给礼金。

✓ 해석하기 _____

✓ 모르는 단어 써 보기 _____

❷ 双数会让人想起"好事成双"。

✓ 해석하기 _____

✓ 모르는 단어 써 보기 _____

❸ 千万别用白色的信封装礼金。

✓ 해석하기 _____

✓ 모르는 단어 써 보기 _____

정답 확인
❶ 친구 결혼식에 가면, 축의금을 꼭 줘야 한다.
❷ 짝수는 '좋은 일이 겹친다'라는 생각을 하게 한다.
❸ 절대로 흰색 편지 봉투에 축의금을 넣지 마라.

단어   단어 공부하기

Track 14-1

단어	병음	의미
参加	cānjiā	동 참가하다, 참여하다
婚礼	hūnlǐ	명 결혼식
礼金	lǐjīn	명 축의금
关系	guānxì	명 사이, 관계
双数	shuāngshù	명 짝수
想起	xiǎngqǐ	생각나다, 상기하다
好事成双	hǎoshì chéng shuāng	좋은 일이 겹친다, 좋은 일이 쌍으로 오다
信封	xìnfēng	명 편지 봉투
装	zhuāng	동 넣다, 담다
吉利	jílì	형 길하다
发红包	fā hóngbāo	(축의금 등 여러 가지 목적으로) 돈을 주다

독해 훈련 1 문장 분석하기

1
在中国，参加朋友的婚礼，一定要给礼金。
Zài Zhōngguó, cānjiā péngyou de hūnlǐ, yídìng yào gěi lǐjīn.
중국에서는 친구 결혼식에 가면, 축의금을 꼭 줘야 한다.

🔍 '一定'은 '꼭', '반드시'라는 의미의 부사로 조동사 '要'와 호응되어 '꼭 ~해야 한다'라는 강력한 의무를 나타냅니다.

你一定别忘了带一件外套。   너는 반드시 외투 한 벌 가져오는 것을 잊지 마라.
Nǐ yídìng bié wàng le dài yí jiàn wàitào.

他每天早上起床后一定喝一杯热水。
Tā měi tiān zǎoshang qǐchuáng hòu yídìng hē yì bēi rè shuǐ.
그는 매일 아침 일어나면 반드시 따뜻한 물을 한 잔 마신다.

단어 外套 wàitào 명 외투 | 起床 qǐchuáng 동 일어나다, 기상하다

확인 문제
단어를 조합해 완성된 문장을 만들어 보세요.
一定   一件外套   带   你   别忘了
➡ _____
너는 반드시 외투 한 벌 가져오는 것을 잊지 마라.

2
关系好的朋友多给点儿，关系一般的朋友少给点儿。
Guānxì hǎo de péngyou duō gěi diǎnr, guānxì yìbān de péngyou shǎo gěi diǎnr.
사이가 좋은 친구에게는 축의금을 많이 주고, 사이가 평범한 친구에겐 좀 적게 준다.

🔍 '多+동사'는 '많이 ~하다'라는 의미를, '少+동사'는 '적게 ~하다'라는 의미를 나타냅니다.

你多看一些关于理财的书吧。   너는 재테크에 관한 책을 많이 읽어야 한다.
Nǐ duō kàn yìxiē guānyú lǐcái de shū ba.

少喝酒，对你的身体有好处。   술을 적게 마시면 건강에 좋다.
Shǎo hē jiǔ, duì nǐ de shēntǐ yǒu hǎochù.

단어 理财 lǐcái 동 재태크를 하다 | 好处 hǎochù 명 좋은 점, 장점

확인 문제

단어를 조합해 완성된 문장을 만들어 보세요.

关于   多看   吧   你   一些   理财的书

➡ _____

너는 재테크에 관한 책을 많이 읽어야 한다.

3 一般中国人喜欢双数的礼金，因为双数会让人想起"好事成双"。

Yìbān Zhōngguó rén xǐhuan shuāngshù de lǐjīn, yīnwèi shuāngshù huì ràng rén xiǎngqǐ "hǎo shì chéng shuāng".

보통 중국인들은 짝수의 축의금을 좋아하는데, 왜냐하면 짝수는 '좋은 일이 겹친다'라는 생각을 하게 하기 때문이다.

🔍 'A让人想起B'는 'A는 B를 생각나게 하다', 'A가 B를 떠오르게 하다'라는 의미를 나타냅니다.

这首歌让我想起我的前男友。   이 노래는 나의 옛 남자 친구를 생각나게 한다.
Zhè shǒu gē ràng wǒ xiǎngqǐ wǒ de qián nányou.

这张照片让她想起了小时候的事。   이 사진은 그녀에게 어린 시절의 일을 생각나게 한다.
Zhè zhāng zhàopiān ràng tā xiǎngqǐ le xiǎo shíhou de shì.

단어 首 shǒu 양 수(노래를 세는 단위) | 歌 gē 명 노래 | 张 zhāng 양 장(넓은 표면이 있는 것을 세는 단위) | 照片 zhàopiàn 명 사진

확인 문제

단어를 조합해 완성된 문장을 만들어 보세요.

让我想起   我的   这首歌   前男友

➡ _____

이 노래는 나의 옛 남자 친구를 생각나게 한다.

4 千万别用白色的信封装礼金，这在中国可是不吉利的。
Qiānwàn bié yòng báisè de xìnfēng zhuāng lǐjīn, zhè zài Zhōngguó kě shì bù jílì de.
절대로 흰색 편지 봉투에 축의금을 넣지 마라, 이것은 중국에서 정말 불길한 것이다.

🔍 부사 '千万'은 '절대로', '부디', '제발'이라는 의미로 다른 사람한테 신신당부할 때 쓰는 표현입니다.

你千万别忘了带伞。　　　　우산 챙기는 것을 절대로 잊지 마라.
Nǐ qiānwàn bié wàng le dài sǎn.

🔍 부사 '可'는 강조를 나타내는 표현으로 구어체에서 많이 쓰는 표현입니다. 평서문에서는 '可+동사', '可+不/没/别+동사'의 형식으로 사용합니다.

你可别忘了给你妈买礼物。　　너는 네 어머니께 선물을 사드리는 것을 잊지 마라
Qiānwàn bié wàng le gěi nǐ mā mǎi lǐwù.

단어 伞 sǎn 몡 우산 | 礼物 lǐwù 몡 선물

확인 문제
단어를 조합해 완성된 문장을 만들어 보세요.

带伞　　千万　　你　　别　　忘了

➡ _____
우산 챙기는 것을 절대로 잊지 마라.

5 要是没有时间参加婚礼，也可以用手机发个红包，祝朋友新婚快乐。
Yàoshi méiyǒu shíjiān cānjiā hūnlǐ, yě kěyǐ yòng shǒujī fā ge hóngbāo, zhù péngyou xīnhūn kuàilè.
만약 결혼식에 갈 시간이 없다면, 휴대 전화로 축의금을 보내서, 친구의 결혼을 축하해줘도 된다.

 '要是'는 '만약'이라는 의미를 가진 접속사로 가정을 나타낼 때 쓰는 표현입니다. 앞 절에 '要是'를 쓰고, 뒤 절에 '那么', '就'가 호응되어 가정에 따른 결과를 표현합니다.

你要是没有钱，我就借给你。　　네가 만약 돈이 없으면, 내가 너에게 빌려 줄게.
Nǐ yàoshi méiyǒu qián, wǒ jiù jiè gěi nǐ.

明天要是下雨，我们就不出去了。　내일 비가 오면, 우리는 나가지 않겠다.
Míngtiān yàoshi xiàyǔ, wǒmen jiù bù chūqù le.

단어 借 jiè 동 빌리다

확인 문제

단어를 조합해 완성된 문장을 만들어 보세요.

要是　　我们　　明天　　不出去了　　下雨　　就

➡ _____

내일 비가 오면, 우리는 나가지 않겠다.

✎ 5분 체크 어법

1 제시된 단어가 들어갈 알맞은 위치를 고르세요.

❶ 他 A 每天早上 B 起床后 C 喝一杯 D 热水。(一定)

그는 매일 아침 일어나면 반드시 따뜻한 물을 한 잔 마신다.

❷ 你 A 没有 B 钱 C 我 D 就借给你。(要是)

네가 만약 돈이 없으면, 내가 너에게 빌려 줄게.

2 다음 제시된 문장을 올바르게 고쳐 보세요.

❶ 喝少酒，对你的身体有好处。

술을 적게 마시면 건강에 좋다.

➡ _____

❷ 这张照片让她小时候的事想起了。

이 사진은 그녀에게 어린 시절의 일을 생각나게 한다.

➡ _____

정답 확인

1 ① C　② A
2 ① 少喝酒，对你的身体有好处。　② 这张照片让她想起了小时候的事。

독해 훈련 2 본문 읽어 보기

🎧 Track 14-2 느린 버전 빠른 버전

> 　　在中国，参加朋友的婚礼，一定要给礼金。关系好的朋友多给点儿，关系一般的朋友少给点儿。一般中国人喜欢双数的礼金，因为双数会让人想起"好事成双"。千万别用白色的信封装礼金，这在中国可是不吉利的。要是没有时间参加婚礼，也可以用手机发个红包，祝朋友新婚快乐。

1 다음 질문에 알맞은 답을 고르세요.

① 在中国，参加朋友的婚礼，一定要做什么？
　　A 给礼金　　B 一起旅行　　C 买白色的衣服　　D 给苹果

② 中国人喜欢什么样的礼金？
　　A 100块的　　B 双数的　　C 单数的　　D 白色信封装的

③ 下列选项和课文内容一致的是哪一个？
　　A 中国人不喜欢收礼金　　　　B 礼金一定是单数的
　　C 一定用白色的信封装礼金　　D 用白色的信封装礼金不吉利

2 <보기>를 보고 빈칸에 알맞은 단어를 골라 써 보세요.

| 보기 | 千万　礼金　红包　双数　吉利 |

① 在中国，参加朋友的婚礼，一定要给_____。
중국에서는 친구 결혼식에 가면, 축의금을 꼭 줘야 한다.

② _____会让人想起"好事成双"。
짝수는 '좋은 일이 겹친다'라는 생각을 하게 한다.

③ _____别用白色的信封装礼金。
절대로 흰색 편지 봉투에 축의금을 넣지 마라.

❹ 这在中国可是不_____的。
이것은 중국에서 정말 불길한 것이다.

❺ 要是没有时间参加婚礼，也可以用手机发个_____。
만약 결혼식에 갈 시간이 없다면, 휴대 전화로 축의금을 보내도 된다.

3 다음 제시된 문장을 읽고, 앞에 지문과 다른 내용을 올바르게 고쳐 보세요.

❶ 中国人参加婚礼会收到红包。
중국인들은 결혼식에 가면 축의금을 받을 수 있다.

➡ _____

❷ 中国人喜欢单数的礼金。
중국인들은 홀수로 된 축의금을 좋아한다.

➡ _____

❸ 用白色的信封装礼金很吉利。
흰색 편지 봉투에 축의금을 담는 것은 매우 길한 것이다.

➡ _____

더 알아보자, 중국 문화!

중국의 결혼식

중국인들은 성스럽고 아름다운 결혼식장에서 웨딩드레스도 입지만, 많은 사람들이 중국의 전통 복장 '旗袍(qípáo, 치파오)'나 '唐裝(tángzhuāng, 당쫭)'을 입고 전통의 멋을 드러내며 결혼식을 합니다. 그렇다면, 중국의 특색있는 결혼 문화에는 어떤 것들이 있을까요?

중국에서는 짝수가 '함께'라는 뜻으로 길함을 상징하기 때문에 200元, 600元, 800元과 같이 짝수로 맞추는 경향이 있습니다. 단 예외가 있는데, 400元보다는 500元이 더 좋습니다. 왜냐하면 숫자 4를 꺼리는 사람들이 있고, 숫자 5가 '福(fú, 복)'라는 의미를 가지고 있기 때문입니다.

시대가 변화함에 따라 중국인들의 결혼 풍습도 바뀌고 있습니다. 결혼식이나 신혼여행, 결혼반지 등의 요소들을 생략하고 간소하게 바로 혼인신고를 하는 '裸婚(luǒhūn, 간소한 결혼)'이라는 문화도 생겨났습니다. 옛 문화를 따르기보다 새로운 형식으로 결혼을 하는 젊은 사람들의 모습을 통해 그들의 생각이나 가치관이 예전과는 많이 달라졌음을 알 수 있습니다.

해석 및 정답　정답 확인하기

지문 해석

在中国，参加朋友的婚礼，一定要给礼金。关系好的朋友多给点儿，关系一般的朋友少给点儿。一般中国人喜欢双数的礼金，因为双数会让人想起"好事成双"。千万别用白色的信封装礼金，这在中国可是不吉利的。要是没有时间参加婚礼，也可以用手机发个红包，祝朋友新婚快乐。

중국에서는 친구 결혼식에 가면, 축의금을 꼭 줘야 한다. 사이가 좋은 친구에게는 축의금을 많이 주고, 사이가 평범한 친구에겐 좀 적게 준다. 보통 중국인들은 짝수의 축의금을 좋아하는데, 왜냐하면 짝수가 '좋은 일이 겹친다'라는 생각을 하게 하기 때문이다. 절대로 흰색 편지 봉투에 축의금을 넣지 마라, 이것은 중국에서 정말 불길한 것이다. 만약 결혼식에 갈 시간이 없다면, 휴대 전화로 축의금을 보내서, 친구의 결혼을 축하해줘도 된다.

1번 문제 해석

① 在中国，参加朋友的婚礼，一定要做什么？
　A 给礼金　　　B 一起旅行
　C 买白色的衣服　D 给苹果

② 中国人喜欢什么样的礼金？
　A 100块的　　B 双数的
　C 单数的　　　D 白色信封装的

③ 下列选项和课文内容一致的是哪一个？
　A 中国人不喜欢收礼金
　B 礼金一定是单数的
　C 一定用白色的信封装礼金
　D 用白色的信封装礼金不吉利

① 중국에서는 친구의 결혼식에 가면 반드시 무엇을 해야 하는가?
　A 축의금을 준다　　B 같이 여행을 한다
　C 흰색 옷을 산다　　D 사과를 준다

② 중국인들은 어떤 축의금을 좋아하는가?
　A 100위안으로 된 것　B 짝수로 된 것
　C 홀수로 된 것　　　D 흰색 편지 봉투에 넣은 것

③ 윗글에 근거하여, 아래 보기 중 옳은 것은?
　A 중국인들은 축의금을 좋아하지 않는다
　B 축의금은 반드시 홀수여야 한다
　C 반드시 흰색 편지 봉투에 축의금을 담아야 한다
　D 흰색 편지 봉투에 축의금을 담는 것은 불길하다

정답

1 ① A　② B　③ D

2 ① 礼金　② 双数　③ 千万　④ 吉利　⑤ 红包

3 ① 在中国，参加朋友的婚礼，一定要给礼金。
　② 一般中国人喜欢双数的礼金。
　③ 千万别用白色的信封装礼金，这在中国可是不吉利的。

Chapter 15 크리스마스 이브에는 사과를?

학습 목표

- 연동문, 是因为, 从来+没+동사+过, 구조조사 地, 打算, 어기조사 了의 용법을 이해할 수 있다.
- 중국의 크리스마스이브 문화에 대해 알 수 있다.

확인 테스트   다음 제시된 문장을 우리말로 해석해 보세요.

❶ 圣诞节的前一夜叫"平安夜"。

✓ 해석하기 _____

✓ 모르는 단어 써 보기 _____

❷ 这是因为苹果的"苹"和平安的"平"发音一样。

✓ 해석하기 _____

✓ 모르는 단어 써 보기 _____

❸ 如果表白成功, 就可以一起过圣诞节了!

✓ 해석하기 _____

✓ 모르는 단어 써 보기 _____

정답 확인
❶ 크리스마스 하루 전날 밤을 '평안야(平安夜)'라고 부른다.
❷ 이것은 사과의 '핑'과 평안의 '핑'의 발음이 같기 때문이다.
❸ 만약 고백이 성공하게 되면, 크리스마스를 함께 보낼 수 있게 되는 것이다!

단어

단어 공부하기 🎧 Track 15-1

단어	병음	의미
圣诞节	Shèngdànjié	몡 크리스마스, 성탄절
前一夜	qián yí yè	전날 밤
平安夜	píng'ānyè	몡 크리스마스이브
互相	hùxiāng	뷔 서로, 상호
礼物	lǐwù	몡 선물
发音	fāyīn	몡 발음
祝福	zhùfú	동 축복하다
故事	gùshi	몡 이야기
开心	kāixīn	혱 즐겁다
浪漫	làngmàn	혱 로맨틱하다
表白	biǎobái	동 고백하다
成功	chénggōng	동 성공하다 혱 성공적이다

독해 훈련 1 문장 분석하기

1
中国人在这天互相送苹果做礼物。
Zhōngguó rén zài zhè tiān hùxiāng sòng píngguǒ zuò lǐwù.
중국인들은 이날 서로에게 사과를 선물한다.

🔍 하나의 주어에 두 개 이상의 동사가 연이어 쓰인 문장을 연동문이라고 합니다. '주어(中国人)+동사1(送)+동사2(做)'의 형식으로 놓여, 첫 번째 동사가 두 번째 동사의 수단이나 방식임을 나타낼 수 있습니다.

他们每天坐地铁上班。　　그들은 매일 지하철을 타고 출근한다.
Tāmen měi tiān zuò dìtiě shàngbān.

现在的孩子可以用电脑画画。　　요즘 아이들은 컴퓨터로 그림을 그릴 수 있다.
Xiànzài de háizi kěyǐ yòng diànnǎo huàhuà.

단어 画画 huàhuà 그림을 그리다

확인 문제

단어를 조합해 완성된 문장을 만들어 보세요.
地铁　　每天　　上班　　他们　　坐
➡ _____
그들은 매일 지하철을 타고 출근한다.

2
这是因为苹果的 "苹" 和平安的 "平" 发音一样，用苹果祝福平安。
Zhè shì yīnwèi píngguǒ de "píng" hé píng ān de "píng" fāyīn yíyàng, yòng píngguǒ zhùfú píng'ān.
이것은 사과의 '핑'과 평안의 '핑'의 발음이 같기 때문에, 사과로 평안을 기원하는 것이다.

🔍 'A是因为B'는 'A는 B 때문이다'라는 의미로 '결과+是因为+원인'의 형식으로 나타냅니다.

他每天来得早，是因为他家离公司很近。
Tā měi tiān lái de zǎo, shì yīnwèi tā jiā lí gōngsī hěn jìn.
그가 매일 일찍 오는 것은 그의 집이 회사에서 매우 가깝기 때문이다.

我着急是因为我的钱包丢了。　　내가 조급한 것은 지갑을 잃어버렸기 때문이다.
Wǒ zháojí shì yīnwèi wǒ de qiánbāo diū le.

단어 着急 zháojí ⑧ 조급하다, 안달하다, 초조하다

확인 문제

단어를 조합해 완성된 문장을 만들어 보세요.

是因为   来得早   离公司很近   他每天   他家

➡ _____

그가 매일 일찍 오는 것은 그의 집이 회사에서 매우 가깝기 때문이다.

3 很多中国人从来没听说过平安夜的故事，但他们也都开心地为节日做准备。
Hěn duō Zhōngguó rén cónglái méi tīngshuōguo píng'ānyè de gùshi, dàn tāmen yě dōu kāixīn de wèi jiérì zuò zhǔnbèi.
많은 중국인들이 크리스마스이브에 대한 이야기를 들어본 적은 없는데, 하지만 그들 역시 즐겁게 명절을 위해 준비한다.

🔍 '从来'는 '지금까지', '여태껏'이라는 의미의 부사로 '从来+没+동사+过'의 형식으로 쓰이며, '지금까지 ~를 한 적이 없다'라는 의미를 나타냅니다.

我从来没去过上海。   나는 여태껏 상하이에 가본 적이 없다.
Wǒ cónglái méi qùguo Shànghǎi.

🔍 구조조사 '地'는 술어 앞에 놓여, 술어의 상태, 정도 등을 나타낼 때 쓰는 표현입니다.

她紧张地问："我合格了吗？"   그녀가 긴장하며 물었다: "저 합격했나요?"
Tā jǐnzhāng de wèn: "Wǒ hégé le ma?"

단어 紧张 jǐnzhāng ⑧ 긴장하다 | 合格 hégé ⑧ 합격하다, 규격에 맞다 ⑨ 합격

확인 문제

단어를 조합해 완성된 문장을 만들어 보세요.

从来   上海   我   没去过

➡ _____

나는 여태껏 상하이에 가본 적이 없다.

4   一些年轻人打算在这一天向喜欢的人浪漫地表白。
Yìxiē niánqīng rén dǎsuàn zài zhè yì tiān xiàng xǐhuan de rén làngmàn de biǎobái.
어떤 젊은이들은 이날 좋아하는 사람한테 로맨틱하게 고백할 계획을 한다.

 '打算'은 '~할 계획이다', '~할 작정이다'라는 의미로, 개인의 계획을 나타낼 때 쓰는 표현입니다.

我打算今年找工作。 나는 올해 일자리를 찾을 계획이다.
Wǒ dǎsuàn jīnnián zhǎo gōngzuò.

我打算明年考研。 나는 내년에 대학원에 응시할 계획이다.
Wǒ dǎsuàn míngnián kǎoyán.

단어 考研 kǎoyán 동 대학원에 응시하다

확인문제
단어를 조합해 완성된 문장을 만들어 보세요.

找工作   打算   我   今年

➡ _____

나는 올해 일자리를 찾을 계획이다.

5   如果表白成功，就可以一起过圣诞节了！
Rúguǒ biǎobái chénggōng, jiù kěyǐ yìqǐ guò Shèngdànjié le!
만약 고백이 성공하게 되면, 크리스마스를 함께 보낼 수 있게 되는 것이다!

어기조사 '了'는 문장 끝에 놓여 '~하게 되었다', '~해졌다'라는 의미로, 상황의 변화 또는 새로운 상황의 출현을 나타낼 때 쓰는 표현입니다.

现在是12月了，真冷。 지금은 12월이 되어서 정말 춥다.
Xiànzài shì shí'èr yuè le, zhēn lěng.

天晴了，我们出去散步吧。 날이 개었으니 우리 나가서 산책합시다.
Tiān qíng le, wǒmen chūqù sànbù ba.

단어 散步 sànbù 동 산책하다, 산보하다

> **확인문제**
>
> 단어를 조합해 완성된 문장을 만들어 보세요.
>
> 12月　　真冷　　现在是　　了
>
> ➡ _____
>
> 지금은 12월이 되어서 정말 춥다.

✏️ 5분 체크 어법

1 제시된 단어가 들어갈 알맞은 위치를 고르세요.

❶ A 现在的孩子 B 可以 C 电脑 D 画画。（用）
요즘 아이들은 컴퓨터로 그림을 그릴 수 있다.

❷ A 我 B 着急 C 我的钱包 D 丢了。（是因为）
내가 조급한 것은 지갑을 잃어버렸기 때문이다.

2 다음 제시된 문장을 올바르게 고쳐 보세요.

❶ 我明年考研打算。
나는 내년에 대학원에 응시할 계획이다.

➡ _____

❷ 天晴过，我们出去散步吧。
날이 개었으니 우리 나가서 산책합시다.

➡ _____

정답 확인

1 ① C　② C
2 ① 我打算明年考研。　② 天晴了，我们出去散步吧。

독해 훈련 2 본문 읽어 보기

🎧 Track 15-2 느린 버전 빠른 버전

圣诞节的前一夜叫"平安夜",中国人在这天互相送苹果做礼物。这是因为苹果的"苹"和平安的"平"发音一样,用苹果祝福平安。很多中国人从来没听说过平安夜的故事,但他们也都开心地为节日做准备。一些年轻人打算在这一天向喜欢的人浪漫地表白。如果表白成功,就可以一起过圣诞节了!

1 다음 질문에 알맞은 답을 고르세요.

❶ 圣诞节的前一夜叫什么?
   A 圣诞老人夜   B 母亲节   C 平安夜   D 春节

❷ 平安夜送苹果代表什么?
   A 爱情   B 友情   C 钱   D 平安

❸ 下列选项和课文内容一致的是哪一个?
   A 中国人在圣诞节很有压力   B 圣诞节是中国的节日
   C 中国人在圣诞节卖苹果   D 苹果的"苹"和平安的"平"发音一样

2 <보기>를 보고 빈칸에 알맞은 단어를 골라 써 보세요.

보기   互相   地   是因为   成功   从来

❶ 中国人在这天_____送苹果做礼物。
중국인들은 이날 서로에게 사과를 선물한다.

❷ 这_____苹果的"苹"和平安的"平"发音一样,用苹果祝福平安。
이것은 사과의 '핑'과 평안의 '핑'의 발음이 같기 때문에, 사과로 평안을 기원하는 것이다.

❸ 很多中国人_____没听说过平安夜的故事。
많은 중국인들이 크리스마스이브에 대한 이야기를 들어본 적이 없다.

❹ 一些年轻人打算在这一天向喜欢的人浪漫_____表白。
어떤 젊은이들은 이날 좋아하는 사람한테 로맨틱하게 고백할 계획을 한다.

❺ 如果表白_____，就可以一起过圣诞节了！
만약 고백이 성공하게 되면, 크리스마스를 함께 보낼 수 있게 되는 것이다!

3 다음 제시된 문장을 읽고, 앞에 지문과 다른 내용을 올바르게 고쳐 보세요.

❶ 中国人在平安夜送橘子做礼物。
중국인들은 크리스마스이브에 귤을 선물한다.

➡ _____

❷ 中国人从小就知道平安夜的故事。
중국인들은 어렸을 때부터 크리스마스이브에 관한 이야기를 알고 있다.

➡ _____

❸ 中国人不为圣诞节做准备。
중국인들은 크리스마스를 위한 준비를 하지 않는다.

➡ _____

더 알아보자, 중국 문화!

중국의 크리스마스

우리나라에서는 크리스마스가 공휴일이지만, 중국에서는 종교적인 기념일이 공휴일로 인정되지 않기 때문에 크리스마스를 공휴일로 지정하고 있지 않습니다. 하지만 사람들은 서로 크리스마스 선물을 주고 받으며, '圣诞快乐!(Shèngdàn kuàilè! 메리 크리스마스!)'라고 인사를 나눕니다.

크리스마스 시즌이 되면 길가 곳곳에서 예쁘게 포장한 사과를 팔고 있는 모습을 볼 수 있습니다. 사과는 중국에서 '平安(píng'ān, 평안)'이라는 의미를 가지고 있기 때문에 크리스마스 날의 사과 선물은 '平安果(píng'ān guǒ, 평안의 과일)'라고 부릅니다.

요즘 중국에서도 '圣诞歌(shèngdàn gē, 캐럴)'를 부르며 성당이나 교회에서 크리스마스를 보내는 사람들이 많아지고 있습니다. 종교가 없는 사람들도 그날만큼은 문화를 구경하면서 크리스마스를 보내기도 합니다.

해석 및 정답 정답 확인하기

지문 해석

圣诞节的前一夜叫"平安夜"，中国人在这天互相送苹果做礼物。这是因为苹果的"苹"和平安的"平"发音一样，用苹果祝福平安。很多中国人从来没听说过平安夜的故事，但他们也都开心地为节日做准备。一些年轻人打算在这一天向喜欢的人浪漫地表白。如果表白成功，就可以一起过圣诞节了！

크리스마스 하루 전날 밤을 '평안야(平安夜)'라고 부르는데, 중국인들은 이날 서로에게 사과를 선물한다. 이것은 사과의 '핑'과 평안의 '핑'의 발음이 같기 때문에, 사과로 평안을 기원하는 것이다. 많은 중국인들이 크리스마스이브에 대한 이야기를 들어본 적은 없는데, 하지만 그들 역시 즐겁게 명절을 위해 준비한다. 어떤 젊은이들은 이날 좋아하는 사람한테 로맨틱하게 고백할 계획을 한다. 만약 고백이 성공하게 되면, 크리스마스를 함께 보낼 수 있게 되는 것이다!

1번 문제 해석

① 圣诞节的前一夜叫什么？
  A 圣诞老人夜 B 母亲节
  C 平安夜   D 春节

② 平安夜送苹果代表什么？
  A 爱情 B 友情 C 钱 D 平安

③ 下列选项和课文内容一致的是哪一个？
  A 中国人在圣诞节很有压力
  B 圣诞节是中国的节日
  C 中国人在圣诞节卖苹果
  D 苹果的"苹"和平安的"平"发音一样

① 크리스마스 전날 밤을 뭐라고 부르는가?
  A 산타의 밤 B 어머니날 C 평안야 D 춘절

② 크리스마스이브에 사과를 선물하는 것은 무엇을 상징하는가?
  A 사랑   B 우정   C 돈   D 평안

③ 윗글에 근거하여, 아래 보기 중 옳은 것은?
  A 중국인들은 크리스마스에 스트레스가 많다
  B 크리스마스는 중국의 명절이다
  C 중국인들은 크리스마스에 사과를 판다
  D 사과의 '핑'과 평안의 '핑'의 발음이 같다

정답

1 ① C ② D ③ D
2 ① 互相 ② 是因为 ③ 从来 ④ 地 ⑤ 成功
3 ① 中国人在平安夜互相送苹果做礼物。
   ② 很多中国人从来没听说过平安夜的故事。
   ③ 中国人开心地为圣诞节做准备。

Chapter 16 빨간 속옷을 꼭 입어야 해

학습 목표

- 来自于, 조동사 要, 不光……还……, 是为了, 방향보어의 용법을 이해할 수 있다.
- 중국의 본명년 풍습에 대해 알 수 있다.

확인 테스트   다음 제시된 문장을 우리말로 해석해 보세요.

❶ 本命年来自于汉族的习俗。

✓ 해석하기 _____

✓ 모르는 단어 써 보기 _____

❷ 中国人在本命年一定要穿红色的衣服。

✓ 해석하기 _____

✓ 모르는 단어 써 보기 _____

❸ 中国人认为本命年的运气会很不好。

✓ 해석하기 _____

✓ 모르는 단어 써 보기 _____

정답 확인
❶ 본명년은 한족의 풍습에서 나온 것이다.
❷ 중국인들은 본명년에 반드시 빨간색 옷을 입어야 한다.
❸ 중국인들은 본명년에 운수가 좋지 않다고 생각한다.

단어

단어 공부하기 🎧 Track 16-1

단어	병음	의미
本命年	běnmìngnián	⑲ 본명년, 출생한 띠의 해
汉族	Hànzú	⑲ 한족
习俗	xísú	⑲ 풍습, 습속
属相	shǔxiang	⑲ 띠
秋衣秋裤	qiū yī qiū kù	내복
袜子	wàzi	⑲ 양말
系	jì	⑧ 매다, 묶다
腰带	yāodài	⑲ 허리띠, 벨트
运气	yùnqi	⑲ 운수, 운세
倒霉	dǎoméi	⑱ 재수 없다, 운수가 사납다
发生	fāshēng	⑧ 발생하다, 생기다
赶走	gǎnzǒu	⑧ 내몰다, 쫓아내다

📖 독해 훈련 1 문장 분석하기

1
> 本命年来自于汉族的习俗，就是一个人属相的那一年。
> Běnmìngnián láizì yú Hànzú de xísú, jiù shì yí ge rén shǔxiang de nà yì nián.
> 본명년은 한족의 풍습에서 나온 것으로, 바로 한 사람이 태어난 띠의 해이다.

🔍 '来自于'는 출처나 유래, 장소를 나타내는 표현과 호응하여, '~에서부터 나오다', '~에서 오다'라는 의미를 나타냅니다.

这个故事来自于日本神话。　　이 이야기는 일본 신화에서 나왔다.
Zhège gùshi láizì yú Rìběn shénhuà.

他来自于苏州附近的小城市。　그는 쑤저우 근처의 소도시에서 왔다.
Tā láizì yú Sūzhōu fùjìn de xiǎo chéngshì.

단어 神话 shénhuà 몡 신화 | 苏州 Sūzhōu 지명 쑤저우 | 附近 fùjìn 몡 근처 | 城市 chéngshì 몡 도시

확인 문제
단어를 조합해 완성된 문장을 만들어 보세요.
这个　　故事　　日本　　来自于　　神话
➡ _____
이 이야기는 일본 신화에서 나왔다.

2
> 中国人在本命年一定要穿红色的衣服。
> Zhōngguó rén zài běnmìngnián yídìng yào chuān hóngsè de yīfu.
> 중국인들은 본명년에 반드시 빨간색 옷을 입어야 한다.

🔍 조동사 '要'는 술어 앞에 놓여 '~하려고 한다'라는 의지를 나타내거나, '~해야 한다'라는 의무를 나타낼 때 쓰는 표현입니다. 지문에서는 의무의 의미를 나타내고 있습니다.

你要多吃菜，少吃肥肉。
Nǐ yào duō chī cài, shǎo chī féiròu.
너는 채소를 많이 먹고, 기름진 고기는 적게 먹어야 한다.

过年了，要记得给爷爷奶奶打电话拜年。
Guònián le, yào jìde gěi yéye nǎinai dǎ diànhuà bàinián.
새해가 되었으니 할아버지, 할머니께 새해 안부 전화 드리는 것을 잊지 마라.

단어 肥肉 féiròu 명 기름진 고기, 비계 | 过年 guònián 동 새해를 맞다, 설을 쇠다 | 拜年 bàinián 동 새해 인사를 드리다, 신년을 축하하다

확인 문제

단어를 조합해 완성된 문장을 만들어 보세요.

多吃　　少吃　　菜　　要　　肥肉　　你

➡ _____

너는 채소를 많이 먹고, 기름진 고기는 적게 먹어야 한다.

3 他们不光要穿红色的秋衣秋裤，穿红色的袜子，还要系红色的腰带。
Tāmen bùguāng yào chuān hóngsè de qiū yī qiū kù, chuān hóngsè de wàzi, hái yào jì hóngsè de yāodài.
그들은 빨간색 내복을 입고, 빨간색 양말을 신을 뿐만 아니라, 게다가 빨간색 허리띠도 매야 한다.

🔍 '不光……还……'는 '~할 뿐만 아니라, 게다가 ~하다'라는 의미로 뒤 절의 내용이 앞 절의 내용보다 더 발전되었음을 나타낼 때 쓰는 표현입니다.

他不光会说汉语，还会唱中国歌。
Tā bùguāng huì shuō Hànyǔ, hái huì chàng Zhōngguó gē.
그는 중국어를 말할 줄 알 뿐만 아니라, 중국 노래도 부를 줄 안다.

我不光要做饭，还要照顾孩子。
Wǒ bùguāng yào zuò fàn, hái yào zhàogù háizi.
나는 밥을 해야 할 뿐만 아니라, 아이도 보살펴 주어야 한다.

단어 照顾 zhàogù 동 보살펴 주다, 돌보다

확인 문제

단어를 조합해 완성된 문장을 만들어 보세요.

不光　　唱中国歌　　他　　说汉语　　还会　　会

➡ _____

그는 중국어를 말할 줄 알 뿐만 아니라, 중국 노래도 부를 줄 안다.

4 穿红色是为了让运气好起来。
Chuān hóngsè shì wèile ràng yùnqi hǎo qǐlai.
빨간색을 입는 것은 운을 좋아지게 하기 위해서이다.

🔍 '是为了'는 '행동+是为了+목적'의 형식으로 쓰여, '~는 ~하기 위해서이다'라는 의미를 나타냅니다.

我学习汉语是为了去中国留学。
Wǒ xuéxí Hànyǔ shì wèile qù Zhōngguó liúxué.
내가 중국어를 공부하는 것은 중국에 유학을 가기 위해서이다.

他努力赚钱是为了和女朋友结婚。
Tā nǔlì zhuànqián shì wèile hé nǚ péngyou jiéhūn.
그가 열심히 돈을 버는 것은 여자 친구와 결혼하기 위해서이다.

단어 留学 liúxué 동 유학하다 | 赚 zhuàn 동 (돈을) 벌다

확인 문제

단어를 조합해 완성된 문장을 만들어 보세요.

是为了   我   留学   去中国   学习汉语

➡ _____

내가 중국어를 공부하는 것은 중국에 유학을 가기 위해서이다.

5 因为红色是火的颜色，能赶走坏运气，带来好运气。
Yīnwèi hóngsè shì huǒ de yánsè, néng gǎnzǒu huài yùnqi, dàilai hǎo yùnqi.
왜냐하면 빨간색은 불의 색이어서, 나쁜 운을 몰아주고 좋은 운을 가져올 수 있기 때문이다.

🔍 방향보어란 동사 뒤에 놓여 동작의 방향을 나타내는 보어를 말합니다. 단순방향보어의 종류로는 '来/去/上/下/进/出/回/过/起/开'가 있습니다.

爸爸今天买来了两斤橘子。   아버지께서 오늘 귤 두 근을 사 오셨다.
Bàba jīntiān mǎilai le liǎng jīn júzi.

他把手机忘在家里了，我现在给他送去。
Tā bǎ shǒujī wàng zài jiāli le, wǒ xiànzài gěi tā sòngqu.
그가 휴대 전화를 집에 두고 갔으니, 내가 지금 그에게 보내겠다.

단어 橘子 júzi 명 귤 | 斤 jīn 양 근(미터법의 0.5kg)

확인 문제

단어를 조합해 완성된 문장을 만들어 보세요.

| 橘子　　　爸爸　　　买来了　　　两斤　　　今天 |

➡ _____

아버지께서 오늘 귤 두 근을 사 오셨다.

5분 체크 어법

1 제시된 단어가 들어갈 알맞은 위치를 고르세요.

❶ A 他 B 苏州 C 附近的 D 小城市。（来自于）
그는 쑤저우 근처의 소도시에서 왔다.

❷ 他 A 努力 B 赚钱 C 和女朋友 D 结婚。（是为了）
그가 열심히 돈을 버는 것은 여자 친구와 결혼하기 위해서이다.

2 다음 제시된 문장을 올바르게 고쳐 보세요.

❶ 过年了，记得要给爷爷奶奶打电话拜年。
새해가 되었으니 할아버지, 할머니께 새해 안부 전화 드리는 것을 잊지 마라.

➡ _____

❷ 他把手机忘在家里了，我现在给他送来。
그가 휴대 전화를 집에 두고 갔으니, 내가 지금 그에게 보내겠다.

➡ _____

정답 확인

1 ❶ B　❷ C
2 ❶ 过年了，要记得给爷爷奶奶打电话拜年。　❷ 他把手机忘在家里了，我现在给他送去。

독해 훈련 2 본문 읽어 보기

🎧 Track 16-2 느린 버전 빠른 버전

> 本命年来自于汉族的习俗，就是一个人属相的那一年。中国人在本命年一定要穿红色的衣服。他们不光要穿红色的秋衣秋裤，穿红色的袜子，还要系红色的腰带。中国人认为 本命年的运气会很不好，会有倒霉的事情发生，穿红色是为了让运气好起来。因为红色是火的颜色，能赶走坏运气，带来好运气。

1 다음 질문에 알맞은 답을 고르세요.

① 本命年是什么意思？
A 出生的那一年　B 去世的那一年　C 属相的那一年　D 结婚的那一年

② 中国人为什么本命年穿红色？
A 让运气好起来　B 变漂亮　　C 喜欢红色　　D 带来坏运气

③ 下列选项和课文内容一致的是哪一个？
A 中国人本命年不喜欢穿红色　　B 中国人认为本命年运气会很不好
C 红色是太阳的颜色　　　　　　D 本命年会有很多好事发生

2 <보기>를 보고 빈칸에 알맞은 단어를 골라 써 보세요.

| 보기 | 是为了　赶走　来自于　不光……还……　倒霉 |

① 本命年_____汉族的习俗。
본명년은 한족의 풍습에서 나온 것이다.

② 他们_____要穿红色的秋衣秋裤，穿红色的袜子，_____要系红色的腰带。
그들은 빨간색 내복을 입고, 빨간색 양말을 신을 뿐만 아니라, 게다가 빨간색 허리띠도 매야 한다.

③ 中国人认为本命年的运气会很不好，会有_____的事情发生。
중국인들은 본명년에 운수가 좋지 않아서 재수 없는 일이 발생할 것이라 생각한다.

❹ 穿红色_____让运气好起来。
빨간색을 입는 것은 운을 좋아지게 하기 위해서이다.

❺ 因为红色是火的颜色，能_____坏运气，带来好运气。
왜냐하면 빨간색은 불의 색이어서, 나쁜 운을 몰아주고 좋은 운을 가져올 수 있기 때문이다.

3 다음 제시된 문장을 읽고, 앞에 지문과 다른 내용을 올바르게 고쳐 보세요.

❶ 中国的本命年是2001年。
중국의 본명년은 2001년이다.

➡ _____

❷ 中国人认为本命年运气会非常好。
중국인들은 본명년에 운수가 아주 좋다고 생각한다.

➡ _____

❸ 在本命年，中国人穿红色是因为红色好看。
본명년에, 중국인들이 빨간색을 입는 것은 빨간색이 예쁘기 때문이다.

➡ _____

더 알아보자, 중국 문화!

띠와 '본명년'

중국에서는 사람이 태어난 해의 띠를 12가지로 나누어, 12년에 한 번씩 자신이 태어난 해를 맞이하는 풍습이 있습니다. 이것이 바로 중국의 '본명년'입니다. 중국에서는 12가지 띠를 '十二生肖(shí'èr shēngxiào)', 혹은 '属相(shǔxiang)'이라고 합니다. 중국인들은 '본명년'을 맞이하는 해를 불길한 해라고 생각합니다.

중국의 '十二生肖'는 각각의 해마다 상징하는 동물이 있으며, 그 종류로는 순서대로 쥐(子), 소(丑), 호랑이(寅), 토끼(卯), 용(辰), 뱀(巳), 말(午), 양(未), 원숭이(申), 닭(酉), 개(戌), 돼지(亥)가 있습니다.

중국인들은 자신의 해를 맞이하는 '본명년'에 빨간색 옷과 액세서리 등을 착용하며 복이 들어오기를 기원합니다. 자신뿐만 아니라 '본명년'을 맞이한 가족이나 친구에게 빨간색 아이템을 선물하기도 하며, 중국의 쇼핑몰에서는 매해 '본명년'을 맞이한 띠의 상징 동물이 포함된 상품이 진열되어 있는 것을 쉽게 구경할 수 있습니다.

해석 및 정답 — 정답 확인하기

지문 해석

本命年来自于汉族的习俗，就是一个人属相的那一年。中国人在本命年一定要穿红色的衣服。他们不光要穿红色的秋衣秋裤，穿红色的袜子，还要系红色的腰带。中国人认为本命年的运气会很不好，会有倒霉的事情发生，穿红色是为了让运气好起来。因为红色是火的颜色，能赶走坏运气，带来好运气。

본명년은 한족의 풍습에서 나온 것으로, 바로 한 사람이 태어난 띠의 해이다. 중국인들은 본명년에 반드시 빨간색 옷을 입어야 한다. 그들은 빨간색 내복을 입고, 빨간색 양말을 신을 뿐만 아니라, 게다가 빨간색 허리띠도 매야 한다. 중국인들은 본명년에 운수가 좋지 않아서 재수 없는 일이 발생할 것이라 생각하는데, 빨간색을 입는 것은 운을 좋아지게 하기 위해서이다. 왜냐하면 빨간색은 불의 색이어서, 나쁜 운을 몰아주고 좋은 운을 가져올 수 있기 때문이다.

1번 문제 해석

① 本命年是什么意思?
  A 出生的那一年　B 去世的那一年
  C 属相的那一年　D 结婚的那一年

② 中国人为什么本命年穿红色?
  A 让运气好起来　B 变漂亮
  C 喜欢红色　　　D 带来坏运气

③ 下列选项和课文内容一致的是哪一个?
  A 中国人本命年不喜欢穿红色
  B 中国人认为本命年运气会很不好
  C 红色是太阳的颜色
  D 本命年会有很多好事发生

① 본명년은 무엇을 의미하는가?
  A 태어난 해　　B 죽은 해
  C 태어난 띠의 해　D 결혼하는 해

② 중국인들은 왜 본명년에 빨간색을 입는가?
  A 운을 돋우기 위해서
  B 예뻐지기 위해서
  C 빨간색을 좋아해서
  D 나쁜 운수를 초래하기 위해서

③ 윗글에 근거하여, 아래 보기 중 옳은 것은?
  A 중국인들은 본명년에 빨간색 입는 것을 좋아하지 않는다
  B 중국인들은 본명년에 운수가 좋지 않다고 생각한다
  C 빨간색은 태양의 색깔이다
  D 본명년에 좋은 일들이 많이 생길 것이다

정답

1　① C　② A　③ B
2　① 来自于　② 不光, 还　③ 倒霉　④ 是为了　⑤ 赶走
3　① 本命年是一个人属相的那一年。
　② 中国人认为本命年的运气会很不好。
　③ 因为红色是火的颜色，能赶走坏运气，带来好运气。

Chapter 17 중국에는 어버이날이 두 개라고?

학습 목표

- 好+동사, 第, 이중목적어를 취하는 동사, 之后, 不是……就是……의 용법을 이해할 수 있다.
- 중국의 어머니날과 아버지날에 대해 알 수 있다.

확인 테스트   다음 제시된 문장을 우리말로 해석해 보세요.

❶ 中国的母亲节是5月的第二个星期日。

✓ 해석하기 _____

✓ 모르는 단어 써 보기 _____

❷ 我们会送妈妈康乃馨或忘忧草。

✓ 해석하기 _____

✓ 모르는 단어 써 보기 _____

❸ 化妆品店会有很多优惠活动。

✓ 해석하기 _____

✓ 모르는 단어 써 보기 _____

정답 확인
❶ 중국의 어머니날은 5월의 두 번째 일요일이다.
❷ 우리는 어머니에게 카네이션이나 망우초를 선물한다.
❸ 화장품가게에서 많은 할인 행사를 한다.

단어 — 단어 공부하기

단어	병음	의미
父母节	Fùmǔjié	몡 어버이날
过节	guòjié	동 명절을 쇠다
好记	hǎo jì	기억하기가 쉽다, 외우기 쉽다
母亲节	Mǔqīnjié	몡 어머니날
父亲节	Fùqīnjié	몡 아버지날
当天	dàngtiān	몡 당일, 그날
康乃馨	kāngnǎixīn	몡 카네이션
忘忧草	wàngyōucǎo	망우초
送	sòng	동 선물하다, 주다
营养品	yíngyǎngpǐn	영양제, 영양 식품
爱心	àixīn	몡 사랑하는 마음
化妆品店	huàzhuāngpǐn diàn	화장품 가게
优惠活动	yōuhuì huódòng	할인 행사, 할인 이벤트
忘	wàng	동 잊다
记错	jìcuò	잘못 기억하다

독해 훈련 1 문장 분석하기

1

韩国有父母节，爸爸和妈妈都在5月8号一起过节，很好记。
Hánguó yǒu Fùmǔjié, bàba hé māma dōu zài wǔ yuè bā hào yìqǐ guòjié, hěn hǎo jì.
한국에는 어버이날이 있는데, 아버지와 어머니 모두 5월 8일에 같이 명절을 보내니, 기억하기가 쉽다.

🔍 '好'가 단음절 동사 앞에 놓이면 '~하기가 쉽다', '~하기에 좋다'라는 의미를 나타냅니다.

这条路是新修的，很好走。 이 길은 새로 만들어져서 걷기에 좋다.
Zhè tiáo lù shì xīn xiū de, hěn hǎo zǒu.

那家店就在路旁边，很好找。 그 가게는 길 옆에 있어서 찾기가 쉽다.
Nà jiā diàn jiù zài lù pángbiān, hěn hǎo zhǎo.

단어 修 xiū ⑧ 만들다, 수리하다, 보수하다, 정비하다

확인 문제

단어를 조합해 완성된 문장을 만들어 보세요.
是   好走   新修的   这条路   很

➡ _____

이 길은 새로 만들어져서 걷기에 좋다.

2

中国的母亲节是5月的第二个星期日，父亲节是6月的第三个星期日。
Zhōngguó de Mǔqīnjié shì wǔ yuè de dì-èr ge xīngqīrì, Fùqīnjié shì liù yuè de dì-sān ge xīngqīrì.
중국의 어머니날은 5월의 두 번째 일요일이고, 아버지날은 6월의 세 번째 일요일이다.

 '第'는 수사 앞에 놓여 순서를 나타내는 표현으로, '제~', '~번째'의 의미를 나타냅니다. '第+숫자'의 형식으로 서수를 표현합니다.

这是我的第一个工作。 이것은 나의 첫 번째 직업이다.
Zhè shì wǒ de dì-yī ge gōngzuò.

他是家里第一个上大学的孩子。 그는 집에서 첫 번째로 대학에 가는 아이이다.
Tā shì jiāli dì-yī ge shàng dàxué de háizi.

단어 孩子 háizi 명 아이, 어린이

확인 문제

단어를 조합해 완성된 문장을 만들어 보세요.

我的　　工作　　这是　　第一个

➡ _____

이것은 나의 첫 번째 직업이다.

3 我们会送妈妈康乃馨或忘忧草，也送营养品和爱心红包。
Wǒmen huì sòng māma kāngnǎixīn huò wàngyōucǎo, yě sòng yíngyǎngpǐn hé àixīn hóngbāo.
우리는 어머니에게 카네이션이나 망우초를 선물하고, 영양제나 사랑의 봉투도 드린다.

 이중목적어를 취하는 동사는 '동사+간접목적어(사람)+직접목적어(사물)'의 형식으로 나타내며 '(사람)에게 (사물)을 (동사)하다'라는 의미를 나타냅니다. 이중목적어를 취하는 동사로는 '送' 외에도 '给', '教', '告诉' 등이 있습니다.

妈妈送我一条漂亮的裙子。　　어머니가 나에게 예쁜 치마를 하나 선물해 주셨다.
Māma sòng wǒ yì tiáo piàoliang de qúnzi.

王老师教孩子们数学。　　왕 선생님은 아이들에게 수학을 가르친다.
Wáng lǎoshī jiāo háizimen shùxué.

단어 裙子 qúnzi 명 치마 | 数学 shùxué 명 수학

확인 문제

단어를 조합해 완성된 문장을 만들어 보세요.

数学　　王老师　　孩子们　　教

➡ _____

왕 선생님은 아이들에게 수학을 가르친다.

4
母亲节之后的父亲节，我们不是忘了，就是记错。
Mǔqīnjié zhīhòu de FùqīnJié, Wǒmen bú shì wàng le, jiù shì jìcuò.
어머니날 후의 아버지날을 우리는 잊어버리거나, 아니면 잘못 기억한다.

🔍 '之后'는 '~후에', '~다음'이라는 의미로 시간의 순서를 나타낼 때 쓰는 표현입니다.

春节之后，天气就慢慢暖和了。　　춘절 후, 날씨가 점점 따뜻해졌다.
Chūnjié zhīhòu, tiānqì jiù mànmàn nuǎnhuo le.

她吃了饭之后，就去图书馆了。　　그녀는 밥을 먹은 후, 바로 도서관에 갔다.
Tā chī le fàn zhīhòu, jiù qù túshūguǎn le.

단어 暖和 nuǎnhuo 혱 따뜻하다

확인 문제
단어를 조합해 완성된 문장을 만들어 보세요.

天气　　春节　　慢慢　　暖和了　　就　　之后

➡ _____

춘절 후, 날씨가 점점 따뜻해졌다.

5
我们不是忘了，就是记错，真是对不起爸爸们啊。
Wǒmen bú shì wàng le, jiù shì jìcuò, zhēnshi duìbuqǐ bàbamen a.
우리는 잊어버리거나, 아니면 잘못 기억을 해서 아버지들에게 정말 죄송하다.

🔍 '不是A就是B'는 'A가 아니면 B이다'라는 의미로 '둘 중에 하나이다', '두 가지 상황 중 하나는 분명하다'라는 것을 나타낼 때 쓰는 표현입니다.

他不是在家，就是在学校。　　그는 집에 있거나, 아니면 학교에 있다.
Tā bú shì zài jiā, jiù shì zài xuéxiào.

他不是去网吧了，就是去学校了。　　그는 PC방에 갔거나, 아니면 학교에 갔다.
Tā bú shì qù wǎngbā le, jiùshì qù xuéxiào le.

단어 网吧 wǎngbā 몡 PC방, 인터넷 카페

확인 문제

단어를 조합해 완성된 문장을 만들어 보세요.

就是　　　不是　　　在学校　　　在家　　　他

➡ _____

그는 집에 있거나, 아니면 학교에 있다.

✎ 5분 체크 어법

1 제시된 단어가 들어갈 알맞은 위치를 고르세요.

❶ 那家店 A 就在 B 路旁边 C 很 D 找。(好)

그 가게는 길 옆에 있어서 찾기가 쉽다.

❷ 他是 A 家里 B 一个 C 上大学的 D 孩子。(第)

그는 집에서 첫 번째로 대학에 가는 아이이다.

2 다음 제시된 문장을 올바르게 고쳐 보세요.

❶ 妈妈送一条漂亮的裙子我。

어머니가 나에게 예쁜 치마를 하나 선물해 주셨다.

➡ _____

❷ 她吃了之后饭，就去图书馆了。

그녀는 밥을 먹은 후, 바로 도서관에 갔다.

➡ _____

정답 확인

1 ① D ② B
2 ① 妈妈送我一条漂亮的裙子。   ② 她吃了饭之后，就去图书馆了。

독해 훈련 2 본문 읽어 보기

🎧 Track 17-2 느린 버전 빠른 버전

韩国有父母节，爸爸和妈妈都在5月8号一起过节，很好记。中国的母亲节是5月的第二个星期日，父亲节是6月的第三个星期日。母亲节当天，我们会送妈妈康乃馨或忘忧草，也送营养品和爱心红包。化妆品店也会有很多优惠活动。母亲节之后的父亲节，我们不是忘了，就是记错，真是对不起爸爸们啊。

1 다음 질문에 알맞은 답을 고르세요.

❶ 中国的父亲节是哪天？
  A 5月8号　　　　　　　B 5月的第二个周日
  C 6月的第二个周日　　 D 6月的第三个周日

❷ 母亲节这天，中国人会做什么？
  A 送给妈妈菊花　　　　B 送给妈妈营养品
  C 妈妈给孩子钱　　　　D 妈妈给孩子买化妆

❸ 下列选项和课文内容一致的是哪一个？
  A 中国人不喜欢父亲节　　　　　　B 中国没有母亲节
  C 母亲节中国人会送给妈妈忘忧草　D 父亲节是5月第二个星期日

2 <보기>를 보고 빈칸에 알맞은 단어를 골라 써 보세요.

| 보기 | 好记　不是……就是……　第　当天　活动 |

❶ 爸爸和妈妈都在5月8号一起过节，很_____。
  아버지와 어머니 모두 5월 8일에 같이 명절을 보내니, 기억하기가 쉽다.

❷ 父亲节是6月的_____三个星期日。
  아버지날은 6월의 세 번째 일요일이다.

❸ 母亲节_____，我们会送妈妈康乃馨或忘忧草。
어머니날에는 어머니에게 카네이션이나 망우초를 선물한다.

❹ 化妆品店也会有很多优惠_____。
화장품가게에서 많은 할인 행사도 한다.

❺ 母亲节之后的父亲节，我们_____忘了，_____记错。
어머니날 후의 아버지날을 우리는 잊어버리거나, 아니면 잘못 기억한다.

3 다음 제시된 문장을 읽고, 앞에 지문과 다른 내용을 올바르게 고쳐 보세요.

❶ 中国的父母节是5月8号。
중국의 어버이날은 5월 8일이다.

➔ _____

❷ 中国的母亲节当天，妈妈会给我们压岁钱。
중국의 어머니날 당일에, 어머니는 우리에게 세뱃돈을 주신다.

➔ _____

❸ 母亲节化妆品店不做活动。
어머니날에는 화장품 가게에서 행사를 하지 않는다.

➔ _____

더 알아보자, 중국 문화!

어머니날과 아버지날

중국에는 어머니날과 아버지날이 따로 있습니다. 이날 중국인들은 '妈妈，母亲节快乐!(Māma, mǔqīnjié kuàilè! 어머니, 어머니날을 축하드려요!)', '爸爸，父亲节快乐!(Bàba, fùqīnjié kuàilè! 아버지, 아버지날을 축하드려요!)'라는 인사와 함께 선물을 드립니다.

어머니날에는 백화점이나 쇼핑몰 등에서 다양한 할인 행사가 진행되는데, 아버지날에는 특별한 행사나 이벤트가 없습니다. 사실 아버지날 아버지들에게 선물해 드릴 만한 꽃도 있습니다. '石斛兰(shíhúlán, 덴드로븀)'이라는 꽃은 아버지의 강인함과 자상함을 상징하는 꽃이기 때문에 아버지날의 선물로 적합합니다.

어머니날과 아버지날 만큼은 부모님이 힘겨운 가사와 노동에서 벗어나 편안한 마음으로 하루 쉬셨으면 하는 자녀들의 마음을 엿볼 수 있습니다. '爸爸妈妈，你们辛苦了!(Bàba māma, nǐmen xīnkǔ le! 아버지, 어머니, 수고하셨습니다!)' 하고 부모님의 노고에 감사 인사를 전하면 부모님에게 큰 위로와 선물이 될 것입니다.

해석 및 정답 정답 확인하기

지문 해석

韩国有父母节，爸爸和妈妈都在5月8号一起过节，很好记。中国的母亲节是5月的第二个星期日，父亲节是6月的第三个星期日。母亲节当天，我们会送妈妈康乃馨或忘忧草，也送营养品和爱心红包。化妆品店也会有很多优惠活动。母亲节之后的父亲节，我们不是忘了，就是记错，真是对不起爸爸们啊。

한국에는 어버이날이 있는데, 아버지와 어머니 모두 5월 8일에 같이 명절을 보내니, 기억하기가 쉽다. 중국의 어머니날은 5월의 두 번째 일요일이고, 아버지날은 6월의 세 번째 일요일이다. 어머니날에는 어머니에게 카네이션이나 망우초를 선물하고, 영양제나 사랑의 봉투도 드린다. 화장품 가게에서 많은 할인 행사도 한다. 어머니날 이후의 아버지날을 우리는 잊어버리거나, 아니면 잘못 기억을 해서 아버지들에게 정말 죄송할 뿐이다.

1번 문제 해석

① 中国的父亲节是哪天？
　A 5月8号　　　　B 5月的第二个周日
　C 6月的第二个周日　D 6月的第三个周日

② 母亲节这天，中国人会做什么？
　A 送给妈妈菊花　B 送给妈妈营养品
　C 妈妈给孩子钱　D 妈妈给孩子买化妆品

③ 下列选项和课文内容一致的是哪一个？
　A 中国人不喜欢父亲节
　B 中国没有母亲节
　C 母亲节中国人会送给妈妈忘忧草
　D 父亲节是5月第二个星期日

① 중국의 아버지날은 몇 월 며칠인가?
　A 5월 8일　　　　B 5월의 두 번째 일요일
　C 6월의 두 번째 일요일　D 6월의 세 번째 일요일

② 어머니날에 중국인들은 무엇을 하는가?
　A 어머니에게 국화를 선물한다
　B 어머니에게 영양제를 선물한다
　C 어머니가 아이에게 돈을 준다
　D 어머니가 아이에게 화장품을 사준다

③ 본문에 근거하여, 아래 보기 중 옳은 것은?
　A 중국인들은 아버지날을 좋아하지 않는다
　B 중국에는 어머니날이 없다
　C 어머니날에 중국인들은 어머니에게 망우초를 선물한다
　D 아버지날은 5월의 두 번째 일요일이다

정답

1　① D　② B　③ C
2　① 好记　② 第　③ 当天　④ 活动　⑤ 不是，就是
3　① 中国的母亲节是5月的第二个星期日，父亲节是6月的第三个星期日。
　② 母亲节当天，我们会送妈妈康乃馨或忘忧草，也送营养品和爱心红包。
　③ 母亲节当天，化妆品店会有很多优惠活动。

Chapter 18 춤추며 시작하는 아침

학습 목표

- 已经……了, 还, 让, 不管……都……, 有一次의 용법을 이해할 수 있다.
- 중국의 아침 풍경에 대해 알 수 있다.

확인 테스트
다음 제시된 문장을 우리말로 해석해 보세요.

① 他们在这里一起跳舞，有一些人还可以成为朋友，建立友谊。

✓ 해석하기 _____

✓ 모르는 단어 써 보기 _____

② 跳得好的人还教他们跳舞。

✓ 해석하기 _____

✓ 모르는 단어 써 보기 _____

③ 有一次，18000多人一起跳舞，还创造了世界纪录。

✓ 해석하기 _____

✓ 모르는 단어 써 보기 _____

정답 확인
① 그들은 여기에서 함께 춤을 추고, 어떤 사람들은 친구가 되어서 우정을 쌓기도 한다.
② 춤을 잘 추는 사람은 그들에게 춤을 가르치기도 한다.
③ 한 번은, 1만 8000여 명이 함께 춤을 추어서, 세계기록도 세웠다.

단어 공부하기

단어	병음	의미
太阳	tàiyáng	⑲ 해, 태양
出来	chūlái	⑧ 나오다
早睡早起	zǎo shuì zǎo qǐ	일찍 자고 일찍 일어나다
广场	guǎngchǎng	⑲ 광장
跳舞	tiàowǔ	⑧ 춤을 추다
建立	jiànlì	⑧ 쌓다, 맺다
友谊	yǒuyì	⑲ 우정, 우의
学会	xuéhuì	⑧ 습득하다, 배워서 알다
教	jiāo	⑧ 가르치다
春夏秋冬	chūn xià qiū dōng	춘하추동
坚持	jiānchí	⑧ 끝까지 버티다, 고수하다
广场舞	guǎngchǎng wǔ	광장 춤
有一次	yǒu yí cì	한 번은
创造	chuàngzào	⑧ 창조하다
世界纪录	shìjiè jìlù	세계기록

독해 훈련 1 문장 분석하기

1

早睡早起的中国人就已经在广场上跳舞了。
Zǎo shuì zǎo qǐ de Zhōngguó rén jiù yǐjīng zài guǎngchǎng shang tiàowǔ le.
일찍 자고 일찍 일어나는 중국인들은 이미 광장에서 춤을 추고 있다.

🔍 '已经……了'는 '이미 ~되었다'라는 의미를 가지고 있으며, 동작이 이미 발생하였음을 나타낼 때 쓰는 표현입니다.

我今年已经37岁了。　　　　　나는 올해 벌써 37살이 되었다.
Wǒ jīnnián yǐjīng sānshíqī suì le.

冰箱已经坏好几天了。　　　　냉장고가 고장 난 지 벌써 며칠이 되었다.
Bīngxiāng yǐjīng huài hǎo jǐ tiān le.

단어 坏 huài 동 고장 나다, 망가지다

확인 문제

단어를 조합해 완성된 문장을 만들어 보세요.

今年　　已经　　了　　37岁　　我

➡ _____

나는 올해 벌써 37살이 되었다.

2

他们在这里一起跳舞，有一些人还可以成为朋友，建立友谊。
Tāmen zài zhèli yìqǐ tiàowǔ, yǒu yìxiē rén hái kěyǐ chéngwéi péngyou, jiànlì yǒuyì.
그들은 여기에서 함께 춤을 추고, 어떤 사람들은 친구가 되어서 우정을 쌓기도 한다.

🔍 '还'는 '더', '훨씬'의 의미로 정도가 깊음을 나타내거나, '여전히', '아직도'의 의미로 동작이나 상태의 지속을 나타낼 때 쓰는 표현입니다.

今天比昨天还冷。　　　　　오늘은 어제보다 더 춥다.
Jīntiān bǐ zuótiān hái lěng.

半夜了，他还在工作。　　　한밤중이 되었는데도, 그는 여전히 일하고 있다.
Bànyè le, tā hái zài gōngzuò.

> **단어** 半夜 bànyè 명 한밤중, 심야

확인 문제

단어를 조합해 완성된 문장을 만들어 보세요.

今天　　昨天　　冷　　还　　比

➡ _____

오늘은 어제보다 더 춥다.

3 为了让新来的朋友快点儿学会，跳得好的人还教他们跳舞。
Wèile ràng xīn lái de péngyou kuài diǎnr xuéhuì, tiào de hǎo de rén hái jiāo tāmen tiàowǔ.
새로 온 친구가 빨리 습득할 수 있도록 하기 위해서, 춤을 잘 추는 사람은 그들에게 춤을 가르치기도 한다.

🔍 '让'은 'A让B+동사'의 구조로 쓰여 'A가 B로 하여금 ~하게 하다'라는 의미를 나타냅니다.

老师让他去办公室一趟。　　선생님은 그로 하여금 사무실에 한 번 다녀오라고 했다.
Lǎoshī ràng tā qù bàngōngshì yí tàng.

妈妈让他好好儿做作业。　　어머니는 그로 하여금 숙제를 잘 하라고 했다.
Māma ràng tā hǎohāor zuò zuòyè.

> **단어** 办公室 bàngōngshì 명 사무실 | 趟 tàng 양 번, 차례(왕복의 횟수를 나타내는 단위)

확인 문제

단어를 조합해 완성된 문장을 만들어 보세요.

让他　　办公室　　老师　　一趟　　去

➡ _____

선생님은 그로 하여금 사무실에 한 번 다녀오라고 했다.

4
> 不管春夏秋冬，他们都坚持跳广场舞。
> Bùguǎn chūn xià qiū dōng, tāmen dōu jiānchí tiào guǎngchǎng wǔ.
> 봄, 여름, 가을, 겨울을 가리지 않고 그들은 꾸준히 광장 춤을 춘다.

🔍 '不管……都……'는 '~을(를) 가리지 않고', '~을(를) 막론하고'라는 의미로, 앞 절에서 제시한 상황이 발생하더라도 뒤 절의 결과가 나온다는 조건 관계를 나타낼 쓰는 표현입니다.

不管天气好不好，他都坚持去跑步。
Bùguǎn tiānqì hǎo bu hǎo, tā dōu jiānchí qù pǎobù.
날씨가 좋든 안 좋든 상관없이, 그는 꾸준히 달리기를 하러 간다.

不管男生女生，都要参加这次体检。
Bùguǎn nánshēng nǚshēng, dōu yào cānjiā zhè cì tǐjiǎn.
남학생이든 여학생이든 이번 신체검사에 참가해야 한다.

단어 跑步 pǎobù 동 달리다 | 男生 nánshēng 명 남학생 | 女生 nǚshēng 명 여학생 | 参加 cānjiā 동 참가하다 | 体检 tǐjiǎn 명 신체검사 동 신체검사를 하다

확인 문제
단어를 조합해 완성된 문장을 만들어 보세요.

不管   坚持去   好不好   他都   天气   跑步

➡ _____
날씨가 좋든 안 좋든 상관없이, 그는 꾸준히 달리기를 하러 간다.

5
> 有一次，18000多人一起跳舞，还创造了世界纪录。
> Yǒu yícì, 18000 duō rén yìqǐ tiàowǔ, hái chuàngzào le shìjiè jìlù.
> 한 번은, 1만 8000여 명이 함께 춤을 추어서, 세계기록도 세웠다.

🔍 '有一次'는 '한 번은'이라는 의미로 어떠한 사건을 이야기할 때 문장의 앞에서 대화를 이끌어 내는 역할을 하는 표현입니다.

有一次，他跟我说他暗恋我。   한 번은, 그가 나에게 나를 짝사랑한다고 말했다.
Yǒu yícì, tā gēn wǒ shuō tā ànliàn wǒ.

有一次，我因为过劳晕倒了。　　한 번은, 내가 과로로 쓰러졌었다.
Yǒu yícì, wǒ yīnwèi guòláo yūndǎo le.

단어 暗恋 ànliàn ⑧ 짝사랑하다, 남몰래 좋아하다 | 晕倒 yūndǎo 기절하여 쓰러지다

확인 문제

단어를 조합해 완성된 문장을 만들어 보세요.

晕倒了　　过劳　　因为　　有一次　　我

➡ _____

한 번은, 내가 과로로 쓰러졌었다.

📝 5분 체크 어법

1 제시된 단어가 들어갈 알맞은 위치를 고르세요.

❶ A 妈妈 B 他 C 好好儿 D 做作业。（让）
어머니는 그로 하여금 숙제를 잘 하라고 했다.

❷ A 男生 B 女生 C 都要参加 D 这次体检。（不管）
남학생이든 여학생이든 이번 신체검사에 참가해야 한다.

2 다음 제시된 문장을 올바르게 고쳐 보세요.

❶ 冰箱坏好几天了已经。
냉장고가 고장 난 지 벌써 며칠이 되었다.

➡ _____

❷ 他跟我说他暗恋我有一次。
한 번은, 그가 나에게 나를 짝사랑한다고 말했다.

➡ _____

정답 확인

1 ① B ② A
2 ① 冰箱已经坏好几天了。　② 有一次，他跟我说他暗恋我。

독해 훈련 2 본문 읽어 보기

🎧 Track 18-2 느린 버전 빠른 버전

早上5点，太阳还没出来，早睡早起的中国人就已经在广场上跳舞了。他们在这里一起跳舞，有一些人还可以成为朋友，建立友谊。为了让新来的朋友快点儿学会，跳得好的人还教他们跳舞。不管春夏秋冬，他们都坚持跳广场舞。有一次，18000多人一起跳舞，还创造了世界纪录。

1 다음 질문에 알맞은 답을 고르세요.

❶ 中国人早上5点在广场上做什么？
　A 跳广场舞　　B 抽烟　　C 做饭　　　　D 谈恋爱

❷ 他们什么季节跳舞？
　A 春天　　　　B 冬天　　C 夏天和秋天　D 春夏秋冬

❸ 下列选项和课文内容一致的是哪一个？
　A 中国人晚睡晚起　　　　B 中国人一边跳广场舞，一边建立友谊
　C 只有女人能成为朋友　　D 他们夏天不跳广场舞

2 <보기>를 보고 빈칸에 알맞은 단어를 골라 써 보세요.

| 보기 | 建立　　早睡早起　　不管　　学会　　出来 |

❶ 早上5点，太阳还没_____。
　　아침 5시, 해가 아직 뜨지 않았다.

❷ _____的中国人就已经在广场上跳舞了。
　　일찍 자고 일찍 일어나는 중국인들은 이미 광장에서 춤을 추고 있다.

❸ 他们在这里一起跳舞，有一些人还可以成为朋友，_____友谊。
　　그들은 여기에서 함께 춤을 추고, 어떤 사람들은 친구가 되어서 우정을 쌓기도 한다.

❹ 为了让新来的朋友快点儿_____，跳得好的人还教他们跳舞。
새로 온 친구가 빨리 습득할 수 있도록 하기 위해서, 춤을 잘 추는 사람은 그들에게 춤을 가르치기도 한다

❺ _____春夏秋冬，他们都坚持跳广场舞。
봄, 여름, 가을, 겨울을 가리지 않고 그들은 꾸준히 광장 춤을 춘다.

3 다음 제시된 문장을 읽고, 앞에 지문과 다른 내용을 올바르게 고쳐 보세요.

❶ 天亮之后，中国人在广场上跳舞。
날이 밝은 후, 중국인들은 광장에서 춤을 춘다.

➜ _____

❷ 没有人教新来的朋友跳舞。
새로운 친구에게 춤을 가르쳐 주는 사람이 없다.

➜ _____

❸ 1800人跳舞的那一次，他们创造了世界纪录。
1800명이 같이 춤을 추었을 때, 그들은 세계기록을 세웠다.

➜ _____

더 알아보자, 중국 문화!

중국의 아침

중국에서는 아침에 여러 사람들이 모여서 함께 운동을 하는 것을 흔히 구경할 수 있습니다. 그렇다면 중국인들은 함께 모여서 어떠한 운동을 즐겨 할까요? 먼저 '太极拳(tàijíquán, 태극권)'이 있습니다. 태극권은 절도 있으면서 다소 느린 동작의 무술로 외국인에게도 매우 익숙한 중국의 대표 운동입니다.

중국인들은 아침 운동을 공원이나 광장에서 주로 합니다. 제기차기를 하는 사람들도 꽤 많습니다. 중국인들의 제기차기 기술은 정말 뛰어나고 예술과도 같습니다. '踢毽子(tī jiànzi, 제기차기)' 외에 '空竹(kōngzhú, 죽방울)'도 합니다. 중국인들의 민간 예술은 아침의 공원에서 주로 구경할 수 있습니다.

중국인들은 운동 외에도 새를 데리고 산책을 하기도 합니다. 이것을 '遛鸟(liùniǎo, 새장을 들고 산책하는 것)'라고 합니다. 중국인들이 일찍 일어나서 몸과 마음을 깨우며 좋은 기운을 얻고, 하루의 시작을 알리는 것은 중국만의 독특하고 특별한 문화라고 할 수 있습니다.

해석 및 정답 정답 확인하기

지문 해석

早上5点，太阳还没出来，早睡早起的中国人就已经在广场上跳舞了。他们在这里一起跳舞，有一些人还可以成为朋友，建立友谊。为了让新来的朋友快点儿学会，跳得好的人还教他们跳舞。不管春夏秋冬，他们都坚持跳广场舞。有一次，18000多人一起跳舞，还创造了世界纪录。

아침 5시, 해가 아직 뜨기도 전에 일찍 자고 일찍 일어나는 중국인들은 이미 광장에서 춤을 추고 있다. 그들은 여기에서 함께 춤을 추고, 어떤 사람들은 친구가 되어서 우정을 쌓기도 한다. 새로 온 친구가 빨리 습득할 수 있도록 하기 위해서, 춤을 잘 추는 사람은 그들에게 춤을 가르치기도 한다. 봄, 여름, 가을, 겨울을 가리지 않고 그들은 꾸준히 광장 춤을 춘다. 한 번은, 1만 8000여 명이 함께 춤을 추어서, 세계기록도 세웠다.

1번 문제 해석

① 中国人早上5点在广场上做什么？
  A 跳广场舞   B 抽烟
  C 做饭   D 谈恋爱

② 他们什么季节跳舞？
  A 春天   B 冬天
  C 夏天和秋天 D 春夏秋冬

③ 下列选项和课文内容一致的是哪一个？
  A 中国人晚睡晚起
  B 中国人一边跳广场舞，一边建立友谊
  C 只有女人能成为朋友
  D 他们夏天不跳广场舞

① 중국인은 아침 5시에 광장에서 무엇을 하는가?
  A 광장 춤을 춘다   B 담배를 피운다
  C 밥을 만든다   D 연애를 한다

② 그들은 어떤 계절에 광장 춤을 추는가?
  A 봄   B 겨울
  C 여름과 가을 D 춘하추동

③ 본문에 근거하여, 아래 보기 중 옳은 것은?
  A 중국인들은 늦게 자고 늦게 일어난다
  B 중국인들은 광장 춤을 추며 우정을 쌓는다
  C 여자들만 친구가 될 수 있다
  D 그들은 여름에 광장 춤을 추지 않는다

정답

1 ①A ②D ③B
2 ①出来 ②早睡早起 ③建立 ④学会 ⑤不管
3 ① 早上5点，太阳还没出来，中国人就已经在广场上跳舞了。
  ② 为了让新来的朋友快点儿学会，跳得好的人还教他们跳舞。
  ③ 有一次，18000多人一起跳舞，还创造了世界纪录。

Chapter 19 보안 검사 받고 타세요

학습 목표

- 想要, 哪个……都……, 只是, 刚好, 恐怕의 용법을 이해할 수 있다.
- 중국의 지하철 보안 검사에 대해 알 수 있다.

확인 테스트
다음 제시된 문장을 우리말로 해석해 보세요.

❶ 在中国，想要做地铁的话，就一定要接受安检。

✓ 해석하기 _____

✓ 모르는 단어 써 보기 _____

❷ 人们排着长队，等着过安检。

✓ 해석하기 _____

✓ 모르는 단어 써 보기 _____

❸ 地铁上不能带危险品。

✓ 해석하기 _____

✓ 모르는 단어 써 보기 _____

정답 확인
❶ 중국에서 지하철을 타려면, 반드시 보안 검사를 받아야 한다.
❷ 사람들이 긴 줄을 서서 보안 검사를 기다린다.
❸ 지하철에서는 위험물을 휴대할 수 없다.

단어　　단어 공부하기

단어	병음	의미
地铁	dìtiě	⑲ 지하철
安检	ānjiǎn	⑧ 보안 검사하다, 안전 검사하다
接受	jiēshòu	⑧ 받다, 받아들이다
严格	yángé	⑲ 엄격하다, 엄하다
城市	chéngshì	⑲ 도시
排长队	pái cháng duì	긴 줄을 서다
带	dài	⑧ 휴대하다, 몸에 지니다
危险品	wēixiǎnpǐn	위험물, 위험 물품
刚好	gānghǎo	⑲ 마침
把	bǎ	⑲ 자루(손잡이가 있는 물건을 세는 단위)
菜刀	càidāo	⑲ 식칼, 부엌칼
只能	zhǐ néng	다만 ~할 수 있을 뿐이다
公交车	gōngjiāochē	⑲ 버스
打的	dǎdī	⑧ 택시를 타다

📖 독해 훈련 1   문장 분석하기

1
在中国，想要坐地铁的话，就一定要接受安检，而且安检很严格。
Zài Zhōngguó, xiǎng yào zuò dìtiě dehuà, jiù yídìng yào jiēshòu ānjiǎn, érqiě ānjiǎn hěn yángé.
중국에서 지하철을 타려면, 반드시 보안 검사를 받아야 한다. 게다가 보안 검사는 아주 엄격하다.

🔍 '想要'는 '~하려고 하다', '~하고 싶다'라는 의미로 동사 앞에 위치합니다.

他想要喝一杯咖啡，可是没带钱。
Tā xiǎng yào hē yì bēi kāfēi, kěshì méi dài qián.
그가 커피 한 잔을 마시려고 했는데, 돈을 안 가지고 왔다.

看样子，弟弟想要吃饺子。   보아하니, 남동생은 만두를 먹고 싶어 한다.
Kàn yàngzi, dìdi xiǎng yào chī jiǎozi.

단어 咖啡 kāfēi 몡 커피 | 看样子 kàn yàngzi 보아하니, 보니까

> **확인 문제**
> 단어를 조합해 완성된 문장을 만들어 보세요.
> 喝一杯咖啡   可是   没带钱   想要   他
> ➡ _____
> 그가 커피 한 잔을 마시려고 했는데, 돈을 안 가지고 왔다.

2
不管到哪个城市，都可以看到人们排着长队，等着过安检。
Bùguǎn dào nǎge chéngshì, dōu kěyǐ kàndào rénmen páizhe cháng duì, děngzhe guò ānjiǎn.
어느 도시를 가든 사람들이 긴 줄을 서서 보안 검사를 기다리는 것을 볼 수 있다.

🔍 '哪个……都……'는 일정 범위 내의 모든 사람, 지역, 사물 등이 어떠한 예외도 없음을 나타낼 때 쓰는 표현입니다.

不管你要哪个，我都可以买给你。
Bùguǎn nǐ yào nǎge, wǒ dōu kěyǐ mǎi gěi nǐ.
네가 어느 것을 원하든, 나는 너에게 모두 사줄 수 있다.

不管去哪儿，他都要带着他的小狗。
Bùguǎn qù nǎr, tā dōu yào dàizhe tā de xiǎo gǒu.
그는 어디에 가든, 그의 강아지를 데리고 다닌다.

단어 小狗 xiǎo gǒu 강아지

확인 문제

단어를 조합해 완성된 문장을 만들어 보세요.

我　　你要　　买给你　　哪个　　都可以　　不管

➡ _____

네가 어느 것을 원하든, 나는 너에게 모두 사줄 수 있다.

3 地铁上可以带食物和饮料，只是不能带危险品。
Dìtiě shang kěyǐ dài shíwù hé yǐnliào, zhǐshì bù néng dài wēixiǎnpǐn.
지하철에서는 음식과 음료를 휴대할 수 있다. 다만 위험물은 휴대할 수 없다.

🔍 '只是'는 '다만', '단지'라는 의미로 어떠한 상황이나 범위에 국한되었음을 나타낼 때 쓰는 표현입니다.

他什么都喜欢吃，只是不喜欢鱼。
Tā shénme dōu xǐhuan chī, zhǐshì bù xǐhuan yú.
그는 먹는 것은 무엇이든 다 좋아하는데, 다만 생선은 좋아하지 않는다.

爸爸没有说话，只是看了看我。　　아버지는 아무 말 없이 그저 나를 바라보셨다.
Bàba méiyǒu shuōhuà, zhǐshì kàn le kàn wǒ.

단어 鱼 yú 몡 물고기

확인 문제

단어를 조합해 완성된 문장을 만들어 보세요.

什么都　　只是　　喜欢吃　　他　　不喜欢鱼

➡ _____

그는 먹는 것은 무엇이든 다 좋아하는데, 다만 생선을 안 좋아한다.

4
> 如果你刚好买了一把菜刀要带回家，那恐怕只能坐公交车或者打的了。
> Rúguǒ nǐ gānghǎo mǎi le yì bǎ càidāo yào dài huíjiā, nà kǒngpà zhǐ néng zuò gōngjiāochē huòzhě dǎdī le.
> 만약 당신이 마침 식칼 한 자루를 사서 집에 가야 한다면, 아마 버스나 택시를 타고 갈 수밖에 없을 것이다.

 '刚好'는 '마침', '공교롭게'라는 부사 용법과 '꼭 알맞다'라는 형용사 용법이 있습니다. 본문에서는 술어 앞에 놓여 '마침'이라는 의미의 부사 용법으로 쓰였습니다.

我拿起电话，你刚好就来了。　　내가 전화를 들어올렸는데, 마침 네가 왔다.
Wǒ náqi diànhuà, nǐ gānghǎo jiù lái le.

他刚好写完最后一个字，老师就进教室了。
Tā gānghǎo xiěwán zuìhòu yí ge zì, lǎoshī jiù jìn jiàoshì le.
그가 마침 마지막 글자를 쓰니, 선생님이 교실로 들어오셨다.

단어 最后 zuìhòu 몡 마지막, 최후 | 教室 jiàoshì 몡 교실

확인 문제
단어를 조합해 완성된 문장을 만들어 보세요.
你　　我　　就来了　　电话　　刚好　　拿起
➡ _____
내가 전화를 들어 올렸는데, 마침 네가 왔다.

5
> 那恐怕只能坐公交车或者打的了。
> Nà kǒngpà zhǐ néng zuò gōngjiāochē huòzhě dǎdī le.
> 아마 버스나 택시를 타고 갈 수밖에 없을 것이다.

부사 '恐怕'는 '아마 ~일 것이다'라는 의미로 주로 좋지 못한 결과나 부정적인 것을 예상할 때 쓰는 표현입니다.

今天天气不好，恐怕不能出去玩儿了。
Jīntiān tiānqì bù hǎo, kǒngpà bù néng chūqù wánr le.
오늘 날씨가 좋지 않아서, 아마 나가서 놀지 못할 것이다.

他昨天伤得很严重，恐怕得住院了。
Tā zuótiān shāng de hěn yánzhòng, kǒngpà děi zhùyuàn le.
그는 어제 매우 심하게 다쳐서, 아마 입원해야 할 것이다.

단어 严重 yánzhòng 형 심각하다, 중대하다, 엄중하다 | 住院 zhùyuàn 동 입원하다

확인 문제

단어를 조합해 완성된 문장을 만들어 보세요.

恐怕　　出去玩儿了　　不好　　不能　　今天天气

➡ _____

오늘 날씨가 좋지 않아서, 아마 나가서 놀지 못할 것이다.

5분 체크 어법

1 제시된 단어가 들어갈 알맞은 위치를 고르세요.

❶ A 看样子 B 弟弟 C 吃 D 饺子。(想要)
보아하니, 남동생은 만두를 먹고 싶어 한다.

❷ A 爸爸 B 没有说话 C 看了看 D 我。(只是)
아버지는 아무 말 없이 그저 나를 바라보셨다.

2 다음 제시된 문장을 올바르게 고쳐 보세요.

❶ 他写完刚好最后一个字，老师就进教室了。
그가 마침 마지막 글자를 쓰니, 선생님이 교실로 들어오셨다.

➡ _____

❷ 他昨天伤得很严重，得恐怕住院了。
그는 어제 매우 심하게 다쳐서, 아마 입원해야 할 것이다.

➡ _____

정답 확인

1 ① C　② C

2 ① 他刚好写完最后一个字，老师就进教室了。　② 他昨天伤得很严重，恐怕得住院了。

독해 훈련 2 본문 읽어 보기

🎧 Track 19-2 느린 버전 빠른 버전

> 坐地铁也要安检吗？是的，在中国，想要坐地铁的话，就一定要接受安检，而且安检很严格。不管到哪个城市，都可以看到人们排着长队，等着过安检。和飞机的安检不同，地铁上可以带食物和饮料，只是不能带危险品。如果你刚好买了一把菜刀要带回家，那恐怕只能坐公交车或者打的了。

1 다음 질문에 알맞은 답을 고르세요.

❶ 在中国，坐地铁一定要做什么？
　A 刷卡　　B 吃东西　　C 带危险品　　D 安检

❷ 下列哪个是地铁上不能带的？
　A 汉堡　　B 牛奶　　C 手机　　D 菜刀

❸ 下列选项和课文内容一致的是哪一个？
　A 中国的地铁上不可以带食物
　B 地铁的安检和飞机的安检是一样的
　C 地铁上不可以带危险品
　D 地铁上不可以打电话和发短信

2 <보기>를 보고 빈칸에 알맞은 단어를 골라 써 보세요.

보기	安检　　不同　　危险品　　恐怕　　不管

❶ 在中国，想要坐地铁的话，就一定要接受_____。
중국에서 지하철을 타려면, 반드시 보안 검사를 받아야 한다.

❷ _____到哪个城市，都可以看到人们排着长队，等着过安检。
어느 도시를 가든 사람들이 긴 줄을 서서 보안 검사를 기다리는 것을 볼 수 있다.

❸ 和飞机的安检_____，地铁上可以带食物和饮料。
비행기의 보안검색과 달리 지하철에서는 음식과 음료를 휴대할 수 있다.

❹ 地铁上可以带食物和饮料，只是不能带_____。
지하철에서는 음식과 음료를 휴대할 수 있다. 다만 위험물은 휴대할 수 없다.

❺ 如果你刚好买了一把菜刀要带回家，那_____只能坐公交车或者打的了。
만약 당신이 마침 식칼 한 자루를 사서 집에 가야 한다면, 아마 버스나 택시를 타고 갈 수밖에 없을 것이다.

3 다음 제시된 문장을 읽고, 앞에 지문과 다른 내용을 올바르게 고쳐 보세요.

❶ 在中国，坐地铁时不用接受安检。
중국에서 지하철을 탈 때 보안 검사를 받을 필요가 없다.

➡ _____

❷ 中国地铁的安检比飞机还要严格。
중국 지하철의 보안 검사는 비행기보다 더 엄격하다.

➡ _____

❸ 中国的地铁上可以带危险品。
중국의 지하철에서는 위험물을 휴대할 수 있다.

➡ _____

더 알아보자, 중국 문화!

중국의 지하철

중국에서는 지하철과 기차를 탑승할 때에도 비행기를 탑승할 때와 마찬가지로 보안 검사를 진행합니다. 옷 수색과 함께 들고 있는 모든 가방과 짐을 검사 받아야 합니다. 만약 음료를 들고 있다면, 따로 액체 검사 수색대에 올려서 검사를 받아야 탑승할 수 있습니다.

중국은 영토가 넓기 때문에, 많은 도시에 지하철이 개통되어 있고, 노선 또한 다양합니다. 중국의 대표 도시인 베이징과 상하이의 지하철 노선을 예로 들면, 두 도시의 지하철 노선은 모두 16호선까지 있습니다. 그 외에도 공항 선, 올림픽 지선 등과 같은 특수 노선이 존재합니다.

중국 지하철에서는 교통카드와 일회용 교통카드 외에도 휴대 전화를 사용하여 '支付宝(Alipay, 쯔푸바오)'나 '微信支付(Wechat pay, 위챗 페이)'로 승차 요금을 납부한 후 탑승할 수 있습니다. 지금은 '乘车码(chéng chē mǎ, 승차 코드)'라고 부르는 QR code가 생겨서 승차할 때 더욱 편리하게 탑승할 수 있습니다.

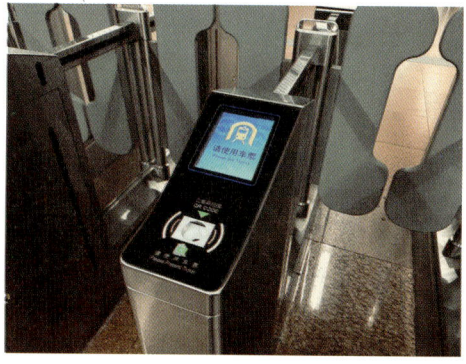

해석 및 정답 정답 확인하기

지문 해석

坐地铁也要安检吗？是的，在中国，想要坐地铁的话，就一定要接受安检，而且安检很严格。不管到哪个城市，都可以看到人们排着长队，等着过安检。和飞机的安检不同，地铁上可以带食物和饮料，只是不能带危险品。如果你刚好买了一把菜刀要带回家，那恐怕只能坐公交车或者打的了。

지하철을 탈 때도 보안 검사를 받아야 하는가? 그렇다. 중국에서 지하철을 타려면, 반드시 보안 검사를 받아야 한다. 게다가 보안 검사는 아주 엄격하다. 어느 도시를 가든 사람들이 긴 줄을 서서 보안 검사를 기다리는 것을 볼 수 있다. 비행기의 보안 검색과 달리 지하철에서는 음식과 음료를 휴대할 수 있다. 다만 위험물은 휴대할 수 없다. 만약 당신이 마침 식칼 한 자루를 사서 집에 가야 한다면, 아마 버스나 택시를 타고 갈 수밖에 없을 것이다.

1번 문제 해석

① 在中国，坐地铁一定要做什么？
  A 刷卡   B 吃东西
  C 带危险品   D 安检

② 下列哪个是地铁上不能带的?
  A 汉堡   B 牛奶   C 手机   D 菜刀

③ 下列选项和课文内容一致的是哪一个？
  A 中国的地铁上不可以带食物
  B 地铁的安检和飞机的安检是一样的
  C 地铁上不可以带危险品
  D 地铁上不可以打电话和发短信

① 중국에서 지하철을 타려면 무엇을 해야 하는가?
  A 카드를 긁는다   B 음식물을 먹는다
  C 위험물을 휴대한다   D 보안 검사를 한다

② 아래의 보기 중 지하철에서 휴대할 수 없는 것은?
  A 햄버거   B 우유   C 휴대 전화   D 식칼

③ 본문에 근거하여, 아래 보기 중 옳은 것은?
  A 중국의 지하철에서는 음식물을 휴대할 수 없다
  B 지하철의 보안 검사와 비행기의 보안 검사는 같다
  C 지하철에서 위험물은 휴대할 수 없다
  D 지하철에서 전화와 문자를 할 수 없다

정답

1 ① D ② D ③ C
2 ① 安检   ② 不管   ③ 不同   ④ 危险品   ⑤ 恐怕
3 ① 在中国，想要坐地铁的话，就一定要接受安检。
  ② 和飞机的安检不同，地铁上可以带食物和饮料。
  ③ 中国的地铁上不能带危险品。

Chapter 20 보증금을 내야 돼

학습 목표

- 吃惊, 不是······ 而是······, 동태조사 了, 或者, 不然의 용법을 이해할 수 있다.
- 중국 호텔의 보증금 제도에 대해 알 수 있다.

확인 테스트   다음 제시된 문장을 우리말로 해석해 보세요.

❶ 在中国，入住酒店是要交押金的。

✓ 해석하기 _____

✓ 모르는 단어 써 보기 _____

❷ 交押金是为了让顾客能爱护酒店的设施。

✓ 해석하기 _____

✓ 모르는 단어 써 보기 _____

❸ 押金可以手机转账。

✓ 해석하기 _____

✓ 모르는 단어 써 보기 _____

정답 확인
❶ 중국에서는 호텔에 투숙하려면 보증금을 내야 한다.
❷ 보증금을 내는 것은 고객이 호텔의 시설을 보호하게 하기 위해서이다.
❸ 보증금은 휴대 전화로 이체해도 된다.

단어 공부하기

단어	병음	의미
入住	rùzhù	(동) (호텔 등에) 투숙하다, 숙박하다
酒店	jiǔdiàn	(명) 호텔
交	jiāo	(동) 내다, 제출하다
押金	yājīn	(명) 보증금
吃惊	chījīng	(동) 놀라다
故意	gùyì	(부) 일부러, 고의로
为难	wéinán	(동) 난처하게 하다
顾客	gùkè	(명) 고객
爱护	àihù	(동) 보호하다, 아끼다
设施	shèshī	(명) 시설
扣	kòu	(동) 빼다, 공제하다
费用	fèiyong	(명) 비용, 지출
现金	xiànjīn	(명) 현금
信用卡	xìnyòngkǎ	(명) 신용카드
转账	zhuǎnzhàng	(동) 이체하다

독해 훈련 1 문장 분석하기

1
很多去过中国的外国朋友都很吃惊。
Hěn duō qùguo Zhōngguó de wàiguó péngyou dōu hěn chījīng.
중국을 가 보았던 많은 외국인 친구들이 모두 깜짝 놀란다.

🔍 '吃惊'은 '놀라다'라는 의미의 동사로 의외의 일이 발생하여 놀랐을 때 쓰는 표현입니다.

他吃惊小王买了一辆新车。　　그는 샤오왕이 새 차를 산 것에 놀랐다.
Tā chījīng Xiǎo wáng mǎi le yí liàng xīn chē.

我吃惊他没考上大学。　　나는 그가 대학에 합격하지 못한 것에 놀랐다.
Wǒ chījīng tā méi kǎoshàng dàxué.

단어 辆 liàng ⑱ 대(차량을 세는 단위)

확인 문제
단어를 조합해 완성된 문장을 만들어 보세요.
买了　　他　　小王　　吃惊　　一辆新车
➡ _____
그는 샤오왕이 새 차를 산 것에 놀랐다.

2
其实，交押金不是故意为难顾客，而是为了让顾客能爱护酒店的设施。
Qíshí, jiāo yājīn bú shì gùyì wéinán gùkè, ér shì wèile ràng gùkè néng àihù jiǔdiàn de shèshī.
사실, 보증금을 내는 것은 일부러 고객을 난처하게 하려는 것이 아니고, 고객이 호텔의 시설을 보호하게 하기 위해서이다.

🔍 선택 관계를 나타내는 접속사 '不是A, 而是B'는 'A가 아니라, B이다'라는 의미로 A를 부정하고 B를 긍정할 때 쓰는 표현입니다.

他不是笨，而是不喜欢学习。　　그는 멍청한 것이 아니라 공부를 좋아하지 않는 것이다.
Tā bú shì bèn, ér shì bù xǐhuan xuéxí.

中国的首都不是上海，而是北京。　　중국의 수도는 상하이가 아니라 베이징이다.
Zhōngguó de shǒudū bú shì Shànghǎi, ér shì Běijīng.

단어 笨 bèn ⑱ 멍청하다, 어리석다 | 首都 shǒudū ⑲ 수도

확인 문제

단어를 조합해 완성된 문장을 만들어 보세요.

不喜欢　　他　　笨　　而是　　不是　　学习

➡ _____

그는 멍청한 것이 아니라, 공부를 좋아하지 않는 것이다.

3

酒店在房间里也准备了一些食物，客人吃了这些食物的话，酒店也会从押金里扣费用。

Jiǔdiàn zài fángjiān li yě zhǔnbèi le yìxiē shíwù, kèrén chī le zhèxiē shíwù dehuà, jiǔdiàn yě huì cóng yājīn li kòu fèiyong.

호텔은 객실에도 약간의 음식을 준비해 두는데, 고객이 이 음식들을 먹는다면, 호텔은 보증금에서 비용도 차감할 것이다.

🔍 동태조사 '了'는 동사 바로 뒤에 놓여 동작의 완료를 나타냅니다. 시제와 관계없이 과거에 이미 완료된 동작이나 미래에 완료될 동작에서 모두 사용할 수 있습니다.

他昨天又熬夜了。　　　　　　그는 어제 또 밤을 새웠다.
Tā zuótiān yòu áoyè le.

他昨天逃课了，今天被老师骂了。　그는 어제 수업을 빼먹어서, 오늘 선생님께 혼났다.
Tā zuótiān táokè le, jīntiān bèi lǎoshī mà le.

단어 熬夜 áoyè ⑧ 밤을 새우다 | 逃课 táokè ⑧ 수업을 빼먹다 | 骂 mà ⑧ 혼나다, 나무라다, 욕하다

확인 문제

단어를 조합해 완성된 문장을 만들어 보세요.

昨天　　又　　他　　了　　熬夜

➡ _____

그는 어제 또 밤을 새웠다.

4
押金可以用现金或者信用卡。
Yājīn kěyǐ yòng xiànjīn huòzhě xìnyòngkǎ.
보증금은 현금이나 신용카드로 지불할 수 있다.

🔍 '或者'는 '혹은', '또는', '아니면'이라는 의미로 두 가지 이상의 상황 중 한 가지를 선택할 때 사용하며 평서문에 쓰입니다.

我今天或者明天去购物。　　　나는 오늘이나 내일 쇼핑할 것이다.
Wǒ jīntiān huòzhě míngtiān qù gòuwù.

你上午或者下午来都可以。　　너는 오전이나 오후에 아무 때나 와도 된다.
Nǐ shàngwǔ huòzhě xiàwǔ lái dōu kěyǐ.

단어 购物 gòuwù 동 쇼핑하다, 물건을 구입하다

확인 문제
단어를 조합해 완성된 문장을 만들어 보세요.
我　　　明天　　　今天　　　旅行　　　去　　　或者
➡ _____
나는 오늘이나 내일 쇼핑할 것이다.

5
不然，手机转账也行。
Bùrán, shǒujī zhuǎnzhàng yě xíng.
그렇지 않으면 휴대 전화로 이체해도 된다.

🔍 '不然'은 '그렇지 않으면'이라는 의미의 접속사로 앞 절의 내용처럼 이행되지 않았을 경우 나타날 결과를 표현하거나, 새로운 대안을 제시할 때 쓰는 표현입니다.

今年一定要结婚，不然，明年更没希望了。
Jīnnián yídìng yào jiéhūn, bùrán, míngnián gèng méi xīwàng le.
올해는 반드시 결혼해야 한다. 그렇지 않으면, 내년에는 더 희망이 없다.

他今天不在。不然，你下个星期再来吧。
Tā jīntiān bú zài. Bùrán, nǐ xià ge xīngqī zài lái ba.
그는 오늘 부재중입니다. 아니면, 당신은 다음 주에 다시 오세요.

단어 希望 xīwàng 명 희망 동 희망하다

확인 문제

단어를 조합해 완성된 문장을 만들어 보세요.

一定要结婚　　今年　　明年　　不然　　更没希望了

➡ _____

올해는 반드시 결혼해야 한다. 그렇지 않으면, 내년에는 더 희망이 없다.

5분 체크 어법

1 제시된 단어가 들어갈 알맞은 위치를 고르세요.

❶ 中国的首都　A　上海　B　而是　C　北京　D。(不是)

중국의 수도는 상하이가 아니라 베이징이다.

❷ 你　A　上午　B　下午　C　来　D　都可以。(或者)

너는 오전이나 오후에 아무 때나 와도 된다.

2 다음 제시된 문장을 올바르게 고쳐 보세요.

❶ 吃惊我他没考上大学。

나는 그가 대학에 합격하지 못한 것에 놀랐다.

➡ _____

❷ 他昨天逃课，今天被老师骂。

그는 어제 수업을 빼먹어서, 오늘 선생님께 혼났다.

➡ _____

정답 확인

1 ❶ A　❷ B
2 ❶ 我吃惊他没考上大学。　❷ 他昨天逃课了，今天被老师骂了。

독해 훈련 2 본문 읽어 보기

🎧 Track 20-2 느린 버전 빠른 버전

在中国，入住酒店是要交押金的。很多去过中国的外国朋友都很吃惊。其实，交押金不是故意为难顾客，而是为了让顾客能爱护酒店的设施。酒店在房间里也准备了一些食物，客人吃了这些食物的话，酒店也会从押金里扣费用。押金可以用现金或者信用卡，不然，手机转账也行。

1 다음 질문에 알맞은 답을 고르세요.

❶ 在中国，入住酒店需要做什么？
A 洗手   B 交押金   C 消毒   D 运动

❷ 交押金是为了什么？
A 为难顾客   B 收更多钱
C 买午餐   D 让顾客能爱惜酒店的设施

❸ 下列选项和课文内容一致的是哪一个？
A 中国的酒店不需要交押金   B 外国人住中国的酒店不用交押金
C 交押金可以用现金   D 交押金是为了为难顾客

2 <보기>를 보고 빈칸에 알맞은 단어를 골라 써 보세요.

| 보기 | 押金　不是……而是……　吃惊　不然　食物 |

❶ 在中国，入住酒店是要交_____的。
중국에서는 호텔에 투숙하려면 보증금을 내야 한다.

❷ 很多去过中国的外国朋友都很_____。
중국을 가 보았던 많은 외국인 친구들이 모두 깜짝 놀란다.

❸ 交押金_____故意为难顾客，_____为了让顾客能爱护酒店的设施。
보증금을 내는 것은 일부러 고객을 난처하게 하려는 것이 아니고, 고객이 호텔의 시설을 보호하게 하기 위해서이다.

❹ 酒店在房间里也准备了一些_____。
호텔은 객실에도 약간의 음식을 준비해 두었다.

❺ 押金可以用现金或者信用卡，_____手机转账也行。
보증금은 현금이나 신용카드로 지불할 수 있고, 그렇지 않으면 휴대 전화로 이체해도 된다.

3 다음 제시된 문장을 읽고, 잘못된 부분을 올바르게 고쳐 보세요.

❶ 中国人住外国酒店要交押金。
중국인들은 외국 호텔에 투숙할 때 보증금을 내야 한다.
➡ _____

❷ 中国酒店的押金制度是为了让顾客为难。
중국 호텔의 보증금 제도는 고객을 난처하게 하려고 하는 것이다.
➡ _____

❸ 中国酒店房间里的食物是免费的。
중국 호텔 객실에 있는 음식은 무료이다.
➡ _____

더 알아보자, 중국 문화!

중국의 보증금 문화

보증금(押金)은 중국에서 흔히 볼 수 있는 중국 고유의 문화입니다. 누를 압 자(押)에 쇠 금 자(金)를 써서 먼저 묶어 놓는 금액이라고 할 수 있습니다. 그렇다면 이러한 보증금 문화는 중국에서 어떻게 정착하게 되었고, 어디에서 많이 사용되는 것일까요?

중국은 세계에서 인구 수가 가장 많은 나라로, 14억이 넘는 인구가 살고 있습니다. 그래서 호텔과 같은 관광업계에서 손님을 관리하기가 어려웠습니다. 중국인들은 많은 고객을 효율적으로 관리하기 위해서 계약할 때 먼저 보증금을 지불하고, 이용 후 돌려받는 형식으로 보증금 문화가 정착하게 되었습니다.

중국에서 보증금을 내는 모습을 가장 흔하게 볼 수 있는 장소는 바로 부동산과 호텔입니다. 부동산에서 집을 계약할 때 보증금을 내는 현상은 한국에서도 많이 볼 수 있습니다. 하지만 호텔과 PC방, 공용 자전거나 오리 배 등을 이용할 때 보증금을 지불하는 현상은 중국 고유의 특별한 문화라고 할 수 있습니다.

해석 및 정답 정답 확인하기

지문 해석

在中国，入住酒店是要交押金的。很多去过中国的外国朋友都很吃惊。其实，交押金不是故意为难顾客，而是为了让顾客能爱护酒店的设施。酒店在房间里也准备了一些食物，客人吃了这些食物的话，酒店也会从押金里扣费用。押金可以用现金或者信用卡，不然，手机转账也行。

중국에서는 호텔에 투숙하려면 보증금을 내야 한다. 중국을 가 보았던 많은 외국인 친구들이 모두 깜짝 놀란다. 사실, 보증금을 내는 것은 일부러 고객을 난처하게 하려는 것이 아니고, 고객이 호텔의 시설을 보호하게 하기 위해서이다. 호텔은 객실에도 약간의 음식을 준비해 두는데, 고객이 이 음식을 먹는다면, 호텔은 보증금에서 비용도 차감할 것이다. 보증금은 현금이나 신용카드로 지불 할 수 있고, 그렇지 않으면 휴대 전화로 이체해도 된다.

1번 문제 해석

① 在中国，入住酒店需要做什么？
   A 洗手   B 交押金
   C 消毒   D 运动

② 交押金是为了什么？
   A 为难顾客
   B 收更多钱
   C 买午餐
   D 让顾客能爱惜酒店的设施

③ 下列选项和课文内容一致的是哪一个？
   A 中国的酒店不需要交押金
   B 外国人住中国的酒店不用交押金
   C 交押金可以用现金
   D 交押金是为了为难顾客

① 중국에서 호텔에 투숙하려면 무엇을 해야 하는가?
   A 손을 씻는다   B 보증금을 낸다
   C 소독을 한다   D 운동을 한다

② 보증금은 무엇을 위해서 내는 것인가?
   A 고객을 난처하게 하기 위해서
   B 더 많은 돈을 받기 위해서
   C 점심을 사 먹기 위해서
   D 고객이 호텔의 시설을 보호하게 하기 위해서

③ 본문에 근거하여, 아래 보기 중 옳은 것은?
   A 중국의 호텔은 보증금을 낼 필요가 없다
   B 외국인이 중국의 호텔에서 투숙할 때 보증금을 내지 않아도 된다
   C 보증금은 현금으로 내도 된다
   D 보증금을 내는 것은 고객을 난처하게 하기 위해서이다

정답

1 ① B   ② D   ③ C
2 ① 押金   ② 吃惊   ③ 不是，而是   ④ 食物   ⑤ 不然
3 ① 在中国，入住酒店是要交押金的。
   ② 交押金不是故意为难顾客，而是为了让顾客能爱护酒店的设施。
   ③ 客人吃了这些食物的话，酒店也会从押金里扣费用。

메모장

메모장

메모장

메모장

S 시원스쿨닷컴